数 智 管 理 系 列

数字化转型

平台、生态与数据价值

陈江宁 祁鹏 蔡艺鹏 张立群 著

企业管理出版社
ENTERPRISE MANAGEMENT PUBLISHING HOUSE

图书在版编目（CIP）数据

数字化转型：平台、生态与数据价值 / 陈江宁等著. —北京：企业管理出版社，2022.9

ISBN 978-7-5164-2679-1

Ⅰ. ①数… Ⅱ. ①陈… Ⅲ. ①信息经济—研究 Ⅳ. ① F49

中国版本图书馆 CIP 数据核字（2022）第 148398 号

书　　名：数字化转型：平台、生态与数据价值
书　　号：ISBN 978-7-5164-2679-1
作　　者：陈江宁　祁　鹏　蔡艺鹏　张立群
责任编辑：尤　颖　宋可力
出版发行：企业管理出版社
经　　销：新华书店
地　　址：北京市海淀区紫竹院南路 17 号　**邮　　编**：100048
网　　址：http://www.emph.cn　**电子信箱**：emph001 @163.com
电　　话：编辑部（010）68701638　发行部（010）68701816
印　　刷：河北宝昌佳彩印刷有限公司
版　　次：2022 年 9 月第 1 版
印　　次：2022 年 9 月第 1 次印刷
开　　本：710mm × 1000mm　1/16
印　　张：16.5 印张
字　　数：205 千字
定　　价：68.00 元

序

PREFACE

数字驱动，共享未来

数字化作为“信息的DNA”，是21世纪全人类生活发生颠覆式巨变的关键性科学成就。1995年，美国麻省理工学院教授尼葛洛庞蒂出版的《数字化生存》一书指出，数字化是人类文明的新形式，数字化具有分散权力、全球化、追求和谐、赋予权力四个强有力的特质，推动着人类文明的进步，与此同时，人类所创造的一切文明都可以数字化，如数字化书籍、数字化报刊、数字化图书馆、数字化博物馆，甚至数字化社区、数字化政府和数字化社会都已经或正在出现。

数字化包含两个层面的含义：一是技术（生产力）层面，即数字技术把各种信息变成数字信号或数字编码，通过各种程序进行处理，逐渐进入数据化与智能化等更高的阶段；二是生产关系层面，即数字技术带来的社会影响和产业变革，其中最重要的是生产方式（业态、模式等）和生活方式（模式）的变革。数字化不是单一层面的，而是经济数字化、生活数字化、治理数字化的突破点，具有系统性、融通性及人文性等特征。

在数字化经济下，各大产业纷纷打造自组织型生态圈，跨产业新业态变成了常态。数字化生态圈呈现出以下三个趋势。

第一，跨界——范围更广，跨越更大。由于数字技术及数据极具通用性，数据成为第一生产要素，并作为一种特殊资产在各个产业间融会贯通，打破了产业上下游的壁垒，与不同产业共融发展，使基础架构、技术场景等数字基础技术在不同业务层面实现共享，如地理位置定位、消息推送、二维码、人脸识别等数字化技术创新应用所实现的共享场景。

第二，高效——效率更高，效果更强。数据共享和数字技术基础跨界应用既可实现各产业全面降低运营成本、提升获客效率，也可实现各产业的产品和服务的多样化，增加用户体验的触点，并在每一个触点上提升用户满意度，在战略性指标和经济性指标上获得双丰收。

第三，生态——联系更紧，分工更细。数字化需要企业根据自身所在产业和业务特点进行个性化的量身定制。需要与相关企业一起共同确定数字化进程，明确协同发展机制及其实现路径。也就是说，明确企业在生态圈中的定位和角色，以及获取有价值的合作方式等。

在数字经济的驱动下，所有产业都在自觉地追求跨产业生态，呈现出“线上的企业向下接地气，线下的企业向上接天线”的热闹场景，既有跨产业生态群的引领者，也有发掘产业发展机会的利益收割者。

在目前的商业生态圈中，节点企业在营销、销售等末端环节的数字化水平较高，而研发、制造等上游环节的数字化水平相对较低。随着线上渠道的增量渗透空间逐步减少，生态圈节点企业对于研发、制造等环节进行数字化升级，提效、增质、降费的需求不断增长。产品、服务、信息技术、组织、制造、营销、品牌、渠道、销售、金融、物流供应链已成为数字化商业要素。平台服务成为商家“一站式”服务的主要解决方案，包括物流、售中、售后等一系列服务，旨在以消费者偏好为中心，在生态平台中设计视频、旅游、电影、地图、本地生活等多个生态体系，进行数字化品牌打造、新品研发、改造经营等环节，提高运营效率，构筑商家可持续的竞争优势。

除了优质的数据、算法、模型以外，平台服务也需要拥有顶尖的算力。只有在强大的“数据 + 算法 + 算力”数字化生态共建能力之下，商业生态体系才能更加具备全产业链的数字化赋能能力，推动众多商家进行数字化转型升级合作。一是通过品牌数据进行消费者数据沉淀和挖掘，实现精准洞察及精确营销。二是通过数据交互，打造消费者大数据平台，畅通智慧供应链和智能圈产业链。三是商家和消费者全面上云，全面重构 O2O 业务体系。

在数字化转型升级过程中，企业应打造与价值创造有关的能力，必须与生态合作伙伴实现在线数据、能力和业务认知与协同，提升整体生态圈资源和能力的按需共享、在线智能交易和自学习优化等能力。

在产品数字化方面，包括产品数字化创新能力和产品数字化研发设计能力，以适配用户服务体验升级需求；在生产与运营管控方面，提升信息安全管理水平，逐步实现全价值链、全要素的数字化动态配置和全局优化，提高全要素生产率，提升需求定义、快速响应、创新服务、延伸服务、跨界服务、超预期增值服务等能力；在价值创造方面，充分认识到员工已从“经济人”“社会人”向“知识人”“合伙人”转变，不断加强价值导向的人才培养与开发，赋予员工价值创造的技能和知识，以最大限度地激发员工价值创造的主动性和潜能。

数字化遇到生态化是一个属于数字化的全新时代的必然组合。“透明工厂”理念、数字化赋能设备、“0 → 1”数字化突破等将是未来的高频词，以数字为桥梁打造互惠共赢生态圈是未来商业发展的必然趋势。

2022 年 5 月 16 日于深圳

目　录

CONTENTS

第一章

数字经济的蓬勃发展

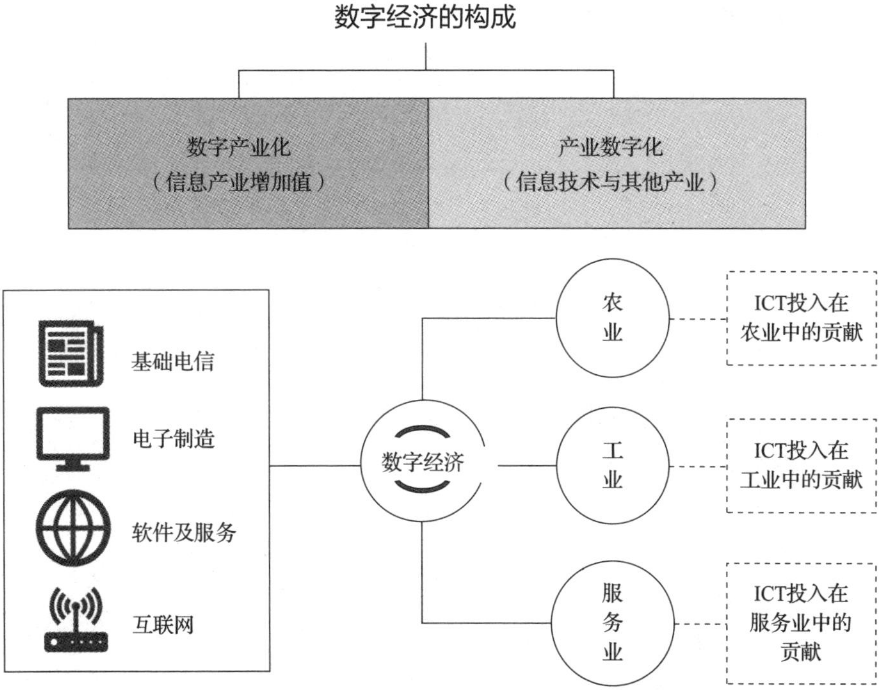

开篇小语

随着大数据、云计算、人工智能、互联网技术的广泛应用，新兴的发展机遇与发展概念在不断变化，其中一个相对具有代表性的概念就是数字经济，并已经成为当前的一个“风口”，衍生出了数字产业生态圈的概念。即在传统的产业生态圈的基础上，引入更多数字经济的成分，从而将其作为工具进一步推动产业生态圈的高效运营，以实现新时代下经济的阶段性发展。

数字化进程中的企业，一种是做通用的数字技术，各行各业在任何方面都要用，如5G；另一种是聚焦于某一个行业，把这个行业中的各种问题、需求利用各种数字技术集成解决。

——美团创始人、董事长兼首席执行官　王兴

开篇案例

“数字产业下的新发展”

在数字经济发展的背景下，数字索引的应用便是变革的一大亮点与特色，其能够在很大程度上节省烦琐且复杂的书籍选购时间。此外，还可以对书籍的版本、内容进行相对条理化、归类化的区分，从而使顾客在最短的时间内了解书籍本身相对重要的内容，而这种时间成本的节约是传统书店难以达到的，由此，奠定了数字化书店的重要地位。数字化书籍的便利还体现在购买的非实体性上，这种非实体性最重要的体现就是网上购物，即通过网络App或小程序下单即可在短时间内完成书籍的短暂浏览及购买付款工作。顾客便可以进一步节省时间成本，做到“不出家门，完成购书”的便利性流程，这也是传统书店难以做到的。

一、公司介绍

2002年4月，按照中央文化体制改革战略部署，新华书店总店成为组建中国出版集团的重要成员单位之一。其发行网点遍及全国城镇，管理机构为新华书店总店。2017年阿里云与新华书店全资子公司——新华互联签署了战略合作协议，协议规定将新华书店全产业链作为合作的基础范围，主要包括新华书店旗下的近万家门店及千家大中型图书馆和相关出版机构等，以此打造新华书店的数字化商城。此外，还将建立智慧书店提上了议程，其中，阿里云将为其提供相应的数字化支持，从而满足用户的个性化消费需求。新华书店与数字产业巨头阿里的合作是一次零售数字化道路的探索，也是一次突破以新华书店为代表的传统实体书店发展困境的大胆尝试。

二、“双向成本递减”——顾客与商家的共赢

随着新型数字化书店的产生与发展，书店经营者对成本的把控力度与方式都得到了很大程度的优化。由于数字化书店大大降低了对企业的实体化场所及人力成本的要求，而整体的客流量和用户的购买量却在不断上升，因此，这种低成本、高利润的营销新模式受到了许多书店经营者的追捧，这也是数字化书店转型必要性的一个重要体现。归纳来说，即双向成本的递减，商家与顾客的共赢。之所以能够达到这种效果，不仅因为其应用了新时代的数字化技术，更因为其发展模式顺应了当前数字经济时代的潮流，如图 1-1 所示。

三、数字化产业变革可行性揭示——多角度目标一致

1. 顺应政策东风，符合国家战略

从国家战略来看，发展数字产业是寻求经济转型、实现经济可持续

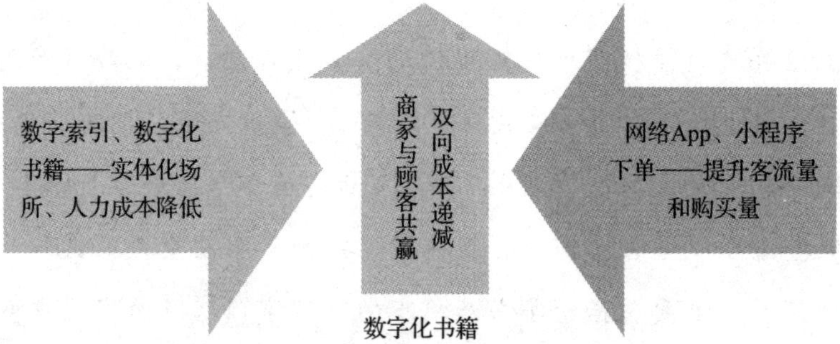

图 1-1 “双向成本递减”原理

性增长的必然路径。以书店为首的零售业的数字化产业转型不仅是该行业自身的转型，更为其他行业的转型和数字中国的建立奠定了坚实的基础。这也更好地解释了产业数字化转型的重要性与必要性，因为其在根本上是与国家的未来发展战略和时代的大方向相符合的，即构建数字中国、智慧中国。零售业作为关系到人民生活水平与生活质量的重要行业自然是应该率先吹响数字化改革的号角，这样一方面能够为行业本身的发展提供便利，另一方面在建设整体的数字中国的过程中能够起到润滑剂的重要作用。因此，其变革是与国家政策的大变革方向一致的，也更好地诠释了科技革命与国家发展之间共同促进、相互融合的本质。

2. 把握四大原则，推行可行的改革措施

数字化变革是一个长久化的过程，不可能一朝一夕就能有所建树，因此要制定相对可把握的改革原则并推行可行的改革措施。在变革过程中应该把握的四大原则可以概括为：坚持统筹推进、坚持数据驱动、坚持继承创新、坚持开放合作，每步措施都要满足以上的原则。只有这样，才能够在数字化变革的过程中正确地把握方向并进行有效的变革，从而取得成果，如图 1-2 所示。

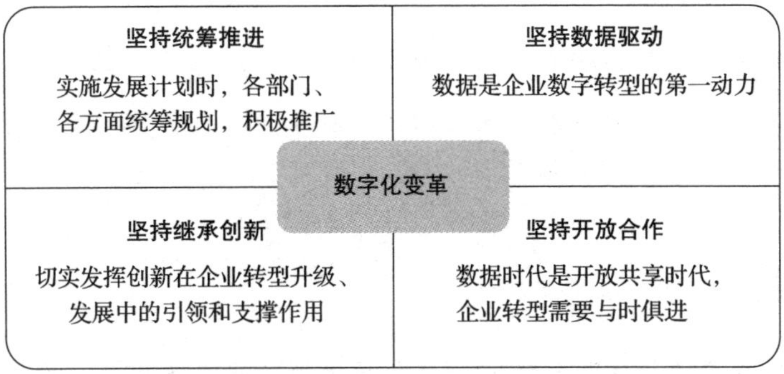

图 1-2　数字化变革的四大原则

四、把握赋能举措，正确理解变革

在数字化变革的过程中，新华书店有很多赋能举措值得借鉴，其中有三个方面是其成功转型所把握的核心要素，如图 1-3 所示。

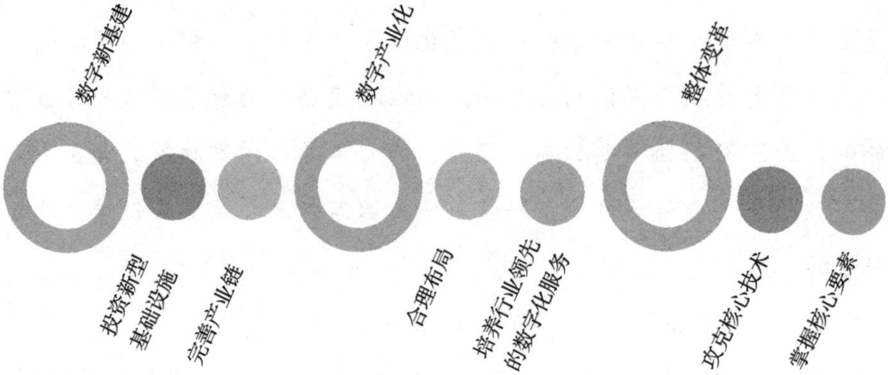

图 1-3　新华书店转型的核心要素

在数字新基建方面，新华书店把握住了积极投资新型基础设施并带动经济与产业链的发展等方面，努力为现代化数字产业的发展奠定基础。在数字产业化方面，新华书店在转型的过程中不仅注重合理布局整体的数字产业，还致力于将自身培育成行业领先的数字化服务龙头企业。在整体变革方面，技术层面无疑是相对重要的，新华书店能够较为正确地自主掌握核心要素与构建安全技术体系。这些赋能举措为新华书店数字化变革的发展注入较强的动力，从而为推行整体的变革提供重要的保障。

五、启示

新华书店的数字化转型在一定程度上解释了在当前科技水平发展与

时代高速发展的背景下，传统行业数字化发展的必然性和可行性。同时，也为相关行业做出了一定的表率，对其他传统行业的现代化转型同样有重要的参考性。

第一，深刻认识转型升级的实质。这个实质就是人的转变和提升。转变的是广大员工特别是书店主要负责人的思维和观念，使之更加符合互联网时代经济发展的规律和趋势的需要，学会用互联网思维思考问题和指导工作。真正做好转型升级，领导者要先行，必须加强学习，提升文化修养，打造浓重的人文情怀。

第二，深刻把握转型升级的核心。核心就是实现新华书店从传统的文化企业向互联网数字平台企业转变。在坚定不移地沿着正确发展思路的基础上，加速完善企业资源计划（Enterprise Resource Planning，ERP）系统，打造科学的、具有较强指导性的现代化产品供应链系统；加速建设多媒体信息服务（Multimedia Message Sevice，MMS）系统；加紧部署社会化商业服务（Social Business Sevice，SBS）系统，提升智慧书城的应用水平；加快应用办公自动化（Office Automation，OA）系统，提高管理的效率。

第三，牢牢抓住转型升级的关键点。在互联网时代，重视顾客体验已经成为名副其实的企业核心竞争力之一。要坚定不移地推动书店向体验店转变，让读者不仅是为买书而来，而是为了体验一种品位、一种氛围、一种情调、一种文化。让买书成为消费的开始，而不是结束。新华书店的负责人一直都在努力提升自己的品位，做一个有情怀的文化人，这样才能使书店有格调、有温度。

（资料来源：笔者根据多方资料整理而成）

第一节　数字经济引发产业新发展

自20世纪60年代互联网诞生以来，世界各国逐步进入了数字经济时代。人工智能、大数据、云计算等新兴科技的充分应用，已经对我国的各行各业产生了深刻影响。我国政府曾多次明确指出发展数字产业的重要性，各行业的领头企业纷纷响应号召，促成了整体规模相对完善、局部产业优势明显的数字生态圈。未来我国的数字产业将重点发展新业态、新模式，创造新价值，开创新前景。

数字经济是继农业经济、工业经济之后的主要经济形态，通过收集各类数据资源作为关键生产要素，以现代信息技术平台为主要载体，以信息通信技术融合、全要素数字化转型为重要推动力，全力促成高效、公平的数字生态圈。在此基础上，数字经济取得了快速的发展，实现了广阔的业务涵盖范围，深刻改变了产业的生产方式、人们的生活方式。数字经济的概念如图1-4所示。

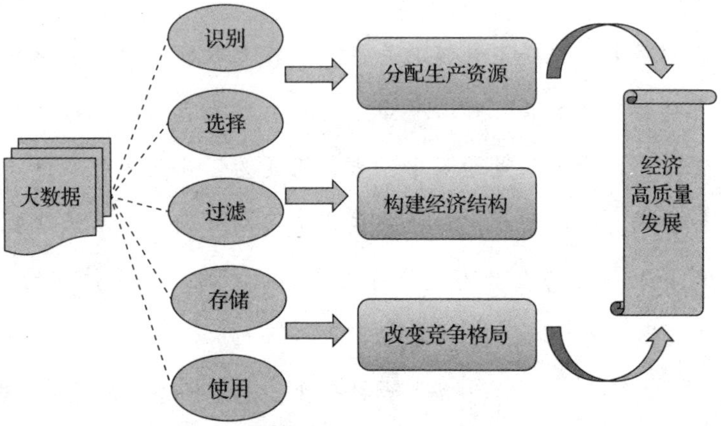

图1-4　数字经济的概念

为了加快打造数字经济生态圈，政府、企业、个人将各司其职，在不同位置发挥不同的作用。为此，各地政府利用数字技术，建立了线上政务平台，鼓励企业直接与银行、供应商等线上对接，高效获得运营资金及达成所需要的采购目标。企业也利用数字科技进行产业智能化变革，通过引进自动化设备，可以对线上平台进行实时监控，实现对企业的智能化管理，不仅极大地降低了人力资源成本，还能避免监管不到位而带来的损失。与此同时，普通民众也可以通过数字软件搜索实时的信息及获得与生活密切相关的服务。显然，人们生活的各个领域逐渐变得更加数字化。

一、数字经济的崛起

当今世界日新月异，随着科技的发展，数字经济时代悄然来临，从数字经济的角度分析当前国际贸易格局与规则的发展动向，可以看出，与数字经济相关的贸易均发展较快，并且当前跨境电商发展较为迅速，贸易平台不断增多，发达国家凭借科技发展在数字经济中占据极大的优势，对数字经济创新起到了一定的推动作用，以此来实现资源累积，巩固国际地位。目前，我国数字经济贸易的发展在国际上已处于先进水平，但在高端贸易中仍存在较大的发展空间，且平台的市场契合度也有待加强。

数字经济可以理解为将数字化信息作为经济生产的关键要素，结合现代信息化技术，产生推动贸易发展的一系列经济活动。数字经济离不开科技发展，互联网技术是数字经济的重要载体。数字经济包含信息制造业、信息通信、软件服务等信息产业，其对传统农业、工业及服务业的发展具有一定的推动作用。

数字生态圈的关键要素是大数据资源。如新冠肺炎疫情突袭而至，中国科学院等专业团队通过模拟多组阶段性年龄段人群并以四类社交环境为研究对象，经过大数据统计构建了相关的数学数据分析模型，从而对城市中新冠肺炎疫情迅速传播的现状提出了合理的假设，并揭露了其传播的显性方式与潜在模式，进而也对无症状感染者概念的提出提供了一定的参考。此外，其同样根据新冠肺炎疫情发展的速度与感染的范围对当年及未来的国家经济变动情况进行了预估，并据此提出了多类复工方式。这也是将大数据概念直接应用于生活并产生收益的典型案例及表现，其同样能够体现大数据对社会生活的重要影响力。大数据在新冠肺炎疫情中的应用如图 1-5 所示。

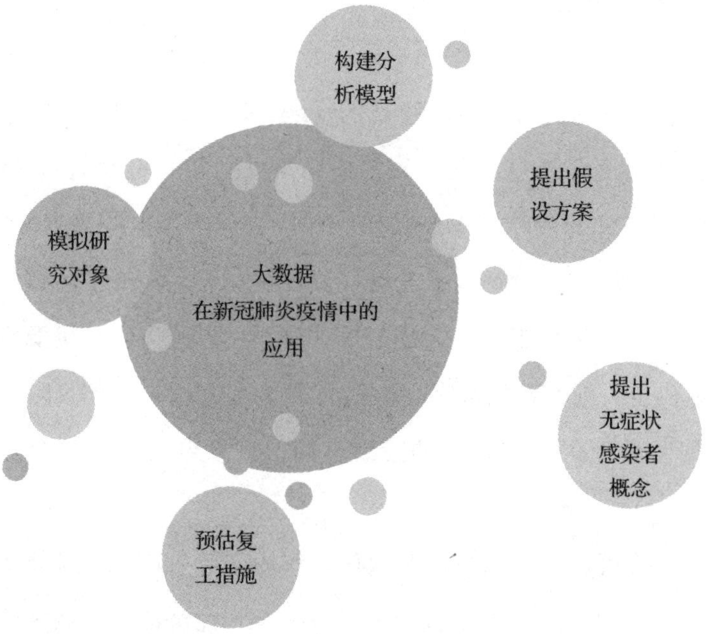

图 1-5　大数据在新冠肺炎疫情中的应用

大数据在给数字经济注入活力的同时，依然面临着许多重大的挑战。其中，非结构性数据转化、样本数据的非确定性两大问题尤为重要。非结构性数据转化是指对于非结构化的数据如何转化及转化结果的研究与探索，其根本目的则是运用当前较完善的结构化数据分析，从而探索出参考价值较高的数据。样本数据的非确定性指的是样本数据在大环境下的不确定性与其在应用过程中所出现的不可控因素。以上正是我们在应用大数据的过程中需要解决的问题。只有解决好大数据资源的源头问题，才能让大数据更好地为我们所用，正确认识大数据的价值，进一步完善数据信息的真实性、可靠性，推动数字生态圈的快速、平稳发展。

随着科技的不断发展，以大数据为动力的数字经济时代也在不断地发生改变，无论其如何变化，始终都要坚持用正确的方式做决策。即对于某一特定的数据分析问题确定好所要分析和研究的目标，通过整合市场上错综复杂的大数据信息，辅以描述性分析，利用科技支持的智能化数字算法完成目标分析，将得出的相关数据整合成报告，为决策提供可靠的理论依据，方便管理者做出最有利于公司发展的决策方案。此外，还应继续深入学习机器智能化原理，在先进信息技术程序中采取建立数据模型的方式，凭借系统推荐的最优解，人工审核无误后即可将其应用到企业运营中，以释放生产力、提高决策效率。最重要的是对智慧知识的发掘与探索，即为企业发展注入动力的前提是人要有丰富的知识，才能为智能系统提供创新源泉。

时代发展离不开各类前沿信息技术，大数据、互联网、云计算等的应用能为企业注入全新的活力，结合时代背景，研制出更多与时俱进的好产品，才能真正为人们的生活提供便利，企业才能在数字生态圈中走得更远。

二、数字经济的特征

构建数字产业生态圈是指将数字技术融入实体经济以推动经济发展。数字化产业变革所呈现的便利性与高效性将成为传统产业创新发展的发力点，由一些产业的初步数字化成果可以看出，数字技术在应用过程中逐渐完善了其体系与模式，已经基本形成了成本低、渗透强的新时代经济技术手段与发展模式。

数字经济能够为传统产业注入活力，与时代碰撞出新火花，是因为其自身的特征符合中国社会发展的需求，具体体现在可持续性、普适性和高效性上，如图 1-6 所示。可持续性表现为一些传统工业通过数字化采集信息，实现产能的提升，降低不必要的产耗，实现可持续发展目标。普适性则体现在数字应用进入社会生活给人们带来的便利程度，这可以从社会公共事业服务水平上反映出来。高效性指的是数字技术的运用从根本上提升了产业规划的效率，推进产业数字化转型，促进生产力的提升，加快产品的迭代速度。

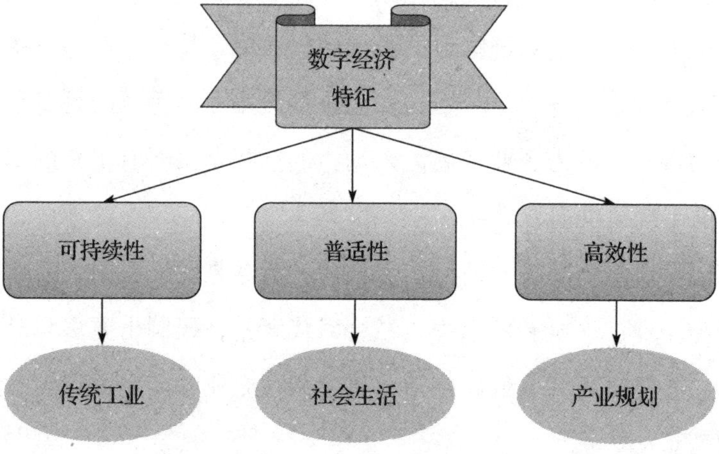

图 1-6　数字经济特征

当前，我国的工业、金融业、制造业等多个行业都试图应用数字技术，与数字经济融合，在此变革过程中出现了趋同性特征，这些特征在一定程度上能够推进国家未来的经济变革进程。

一是非接触场景应用成为经济迅速发展的重要媒介。自新冠肺炎疫情突袭而至后，餐饮行业、学校教育等传统线下领域纷纷采用线上的工作模式，实现减少接触、降低感染风险的目标，数字化应用达到了前所未有的普及程度，大力促进数字经济的发展已成为传统经济转型的主要方向。显然，大数据流动速度加快，全面提升了供给体系格局，为未来数字经济产业的高速发展打下了良好的基础。

二是平台的普适性程度逐渐加深。21 世纪是数字产业架构不断完善和引发数字经济高速发展的时代。在此浪潮中，数字平台应用到产业的比重在逐渐提高且程度不断深入，这种发展情形直接影响了生产力的提升。此外，线上娱乐、网络购物等各类新型产业的发展都能够彰显出数字平台的作用。事实上，这种平台普适性的趋势在未来很长一段时期内同样会向良好的态势发展，其同样将继续凭借便利性与科技性对产业经济规模、区域经济和其他数字经济优势产生正向影响，助力产业形成更具竞争力、更有发展冲劲的产业社会新格局。

三是数字经济的未来发展规划明确，可创造性强。我国政府对数字经济未来发展的投入与规划十分明确，具体表现在引导市场、助力推广，以及优化配置、基础性设施建设与多元化综合协作治理等方面。当前的数字化体系尚未完善，而且在整体产业化的过程中出现了许多尚待解决的问题，包括但不限于数据与信息共享开放体系尚未成型、数字化设施与科学技术水平仍有提升的空间，以及传统政策由于推行速度过快而产生“马太效应”所带来的一系列消极影响。此类问题也为未来产业结构发展与改革创造了足够的可能性。

三、新冠肺炎疫情倒逼数字经济发展

有很多企业已经开始探索数字技术与国际贸易的变革与融合，试图利用全球数字贸易迅猛发展的形势，推进企业国际化发展，进而引发全球贸易体系产生根本性改变。然而，新冠肺炎疫情的突袭而至，让此发展进程受到了阻碍。如今，中国各个领域都融入了数字化技术，积极做出了应对新冠肺炎疫情常态化的经营方案，厘清了数字经济变革的内在机理、演绎逻辑，明确了其发展趋势。国际形势严峻，没有任何一个国家能够独善其身，中国在严格管控新冠肺炎疫情的同时必须考虑到加快经济生产，通过借鉴发达国家和地区的先进经验，夯实新型基础设施；聚焦数字服务发展新业态，创新数字经济发展新模式；强化要素资源供给保障，挖掘数字产业能够带来的新价值。

在当今时代，数字经济不得不面临全球资源重组、经济结构重构、竞争格局改变的新局势。贸易是经济活动不可或缺的重要环节，贸易数字化转型的目标是实现低贸易成本、减少中间环节、推动经济系统智能化发展、引入各类群体广泛参与、彰显个性化服务，大力开拓发展前景。中国要准确把握全球数字化发展的机遇，在逆风中把握新的希望。中国的企业要想抢占经济发展窗口期，跑出经济增长快速度，在国际市场占据一定份额，必须厘清数字经济生态圈发展的内在机理和演绎逻辑。

专栏 1

乘数字技术之东风，迎数字变革之发展

南京纯白矩阵科技有限公司成立于 2018 年，是一个年轻且具有发

展潜力的公司，是一家专注于区块链研发与世界网络生态维护的科技企业。南京纯白矩阵科技有限公司注重将区块链技术在全球范围的应用，企业内部的重要产业支柱Chain IDE是当前世界领先的采用云技术的区块链开发环境，其支持Meta、以太坊、蚂蚁链等数十种现有的区块链底层环境，其业务已经覆盖全球160多个国家和地区，同时也在一定程度上为全球区块链产业的交流与发展提供了新的活力与未来发展的新发力点。此外，其还致力于在加拿大等技术基础相对较好的国家打造属于自己的品牌化开发者生态圈，从而巩固其在世界市场中的重要地位。

一、区块链产业新模式

南京纯白矩阵科技有限公司作为当前国内区块链相关产业落地数量最多、涉及范围最广的科技企业，通过相关创意化架构与新型区块链相结合的模式，从而使区块链技术能够应用于人们的日常生活。在这个过程中，其与其他相关企业区别最大的则是通过开发游戏应用推进相关主体体验社会化生活思维的模式。此类模式不仅能够在根源上推进企业的整体营销理念，还能进一步推动客户了解企业的发展理念与技术格局。

未来，南京纯白矩阵科技有限公司将进一步拓展业务范围，从原有的企业用户到个人用户的业务面都会有所涉及，针对个人用户，除了游戏服务外，其更多地将提供开发者服务及相关的业务。而对于企业来说，其将会着力打造个性化、专业化的场景需求到行业资讯的全套流程服务，从而真正地打造出一条让企业开发者容易理解的一体化区块链解决方案产业链，也必将进一步提升服务种类与质量，从而让企业能够享受到更多的区块链红利，其区块链解决方案产业链如

图 1-7 所示。

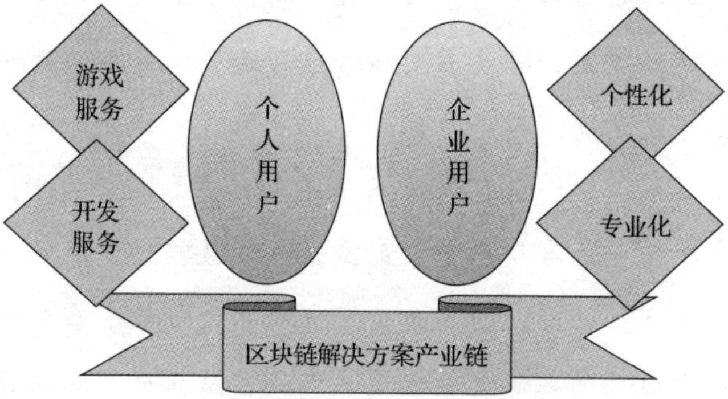

图 1-7　区块链解决方案产业链

二、自主打造“层级式”数据链与业务系统

在发展的过程中，南京纯白矩阵科技有限公司逐渐形成了一套适合自己的数据链（区块链业务）。其所创造的新兴业务系统将区块链技术从简介到原理再到应用的整体流程都进行了详细地阐述，从而成为业内领先的科技数字区块链企业。此外，针对现有客户与潜在客户的不同需求与隐私性等，其在设计的过程中更多地注重隐私保护与安全，也为对区块链了解程度不同的客户准备了不同的引导指南，不仅能够更好地满足客户的需求，还能够进一步提升工作效率。因此，其在当前已经取得了业内的一致好评，其业务模式也被称为矩阵模式，成为中小企业学习和参考的对象。

事实上，这种层级式的数据链和业务系统在很多行业中都得到了应用。与众不同的是，矩阵模式在打造数据链与业务系统的过程中，通过应用数字化技术，能够为客户展示简单的实机操作，从而将业务的针对群体拓展到全部数字产业关联者及其客户范围与产业数量，如图 1-8 所示。

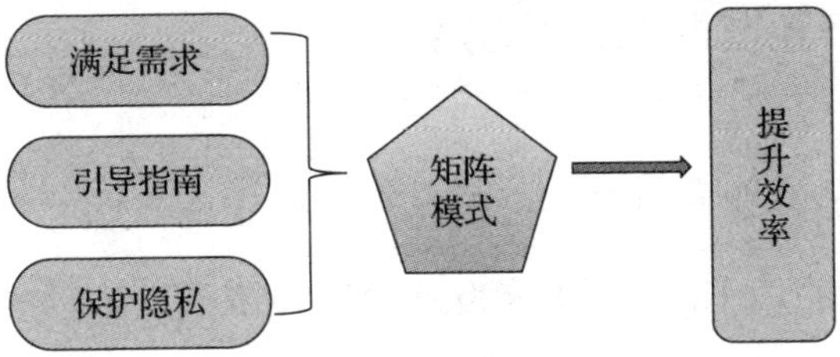

图 1-8　矩阵模式

三、启示

作为新型的区块链科技公司，南京纯白矩阵科技有限公司在短短几年内便击败了许多老牌企业，取得了区块链游戏市场的最高份额，是一家战略及定位非常明确的优秀企业。其之所以能够在短时间内取得如此的成绩，自身的战略规划符合时代潮流与发展趋势是一个十分重要的原因。除此之外，更重要的是其能够主动将新兴的数字化技术应用到传统产业中，从而进行产业改革与业务拓展。这也给新型的科技产业一个启示：只有抓住新型科技的机遇才能一飞冲天。

（资料来源：笔者根据多方资料整理而成）

第二节　究其本源：何谓数字生态圈

随着我国数字经济和数字产业化的不断发展，我国传统的生产传播方式也逐渐迈入了以数字经济技术为代表的数字化时代，并且吸引了全民参与建设，广泛链接、融合协作、系统发展的数字生态圈逐渐明晰。数字生态圈代表了一种新型的融合协作经济及合作网络的建立，多元因素和力量的高度统筹融合正在产生最佳的能量环境，新的文化秩序和文化力量正在重组。这些都为中国数字经济生态建设提供了新的空间和格局。

一、数字化产业发展的领军国家

当前全球数字化产业发展已经达到了一定的高度，本书已经介绍过当前数字产业时代已来临，未来发展数字经济从而推动产业的相关发展是可行性的同时也具有必然性，而发展数字产业经济生态圈的基础便是了解其渊源、吸取其精华、摒弃其糟粕，才能形成切实可行的数字产业生态圈模式，总结其他国家的经验教训，为自身的发展道路减少障碍。

（一）美国数字化产业的领先地位

美国的数字化变革实质上是美国政府通过政策变革创建世界数字化应用领域的公开化条例规则的过程。美国以数字产业化作为未来经济产业发展的重要手段，对传统行业进行改造升级，在原有的技术水平基础上进行巩固和增强，提升制造业生产力。另外，美国还制订了相应的战略规划，确保数字化创新投入与转型产业的高效性和可应用性，如图 1-9 所示。

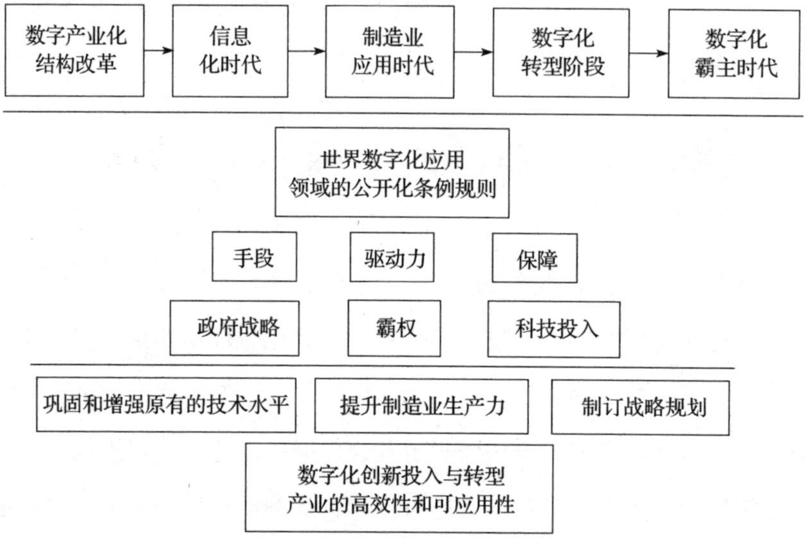

图 1-9　美国的数字产业处于领先地位

以上数据只针对美国本土的数字化产业，如果对全球的美国分支企业进行统计的话，所产生的价值将会更好，而这也非常形象地表现出了数字经济融入产业化的强大生产力。

（二）德国的数字化产业发展

“二战”后，德国的数字经济同样作为恢复经济的重要手段，在数字经济与传统产业的融合发展下，德国的经济迅速得到了恢复。德国的数字化产业发展阶段被“工业”4.0 分为三个大范围，分别是制造工业 4.0、数字服务智能与完全数字转型阶段，如图 1-10 所示。

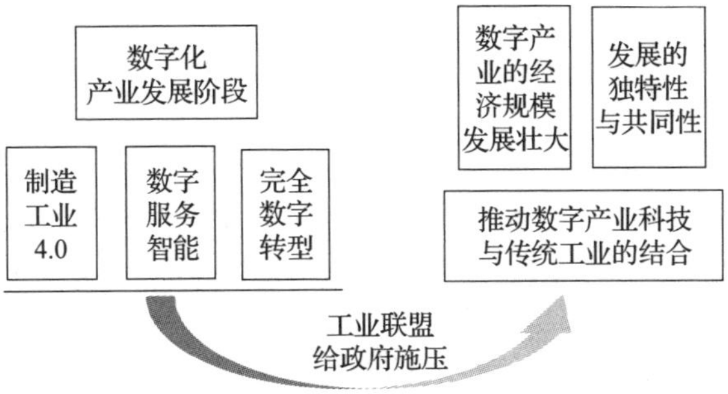

图 1-10　德国的数字化产业发展

德国的数字化产业发展在本质上与其他国家是有所区别的。

第一，因为其他数字化产业大国更多是自上而下的改革运作模式，而德国则是工业联盟给政府施压从而推进改革进程，因此，其改革的过程中体现出来更多的是市场与产业的需求而非政府的政治意识。

第二，德国工业联盟提出了“4.0”方案，对现有的制造业水平进行了一定程度的改革，这次改革不仅在很大程度上推动了数字化产业科技与传统工业的结合，还在数字化转型体系与新型数字化产业领域格局方面做出了大胆的尝试。

二、中国数字化产业的发展历程

数字信息技术是数字化产业转型的核心，划分的标准主要是新兴科技的研发、应用及其所创造的价值。信息化时代的主要推进途径与方式是政府的政策措施，在业务数字化时代主要通过信息技术进行整体基础假设与规划来推动目标产业的数字化发展。在大多数情况下，主要采用“互联网 +”或人工智能分析等新型数字化技术进行相应的处理，从而满足人们的需求。

（一）信息化时代

信息化时代是第三次科技革命初期的产物，该阶段政策领域相对领先，但是科技水平的发展程度相对较低，而整体产业发展的具体表现为稳中求进、稳中向好。在此阶段，数字化为能够完全融入产业，更多的是一种初级的产业与技术的融合。在信息化时代，我国的数字产业发展主要依赖我国的制度优势，而这种制度优势一方面体现在政府政策的高执行性与主动引导性，另一方面是人民对于国家政策的易接受性。也正是在以上优势之下，我国的政策才能具有极强的贯穿性与连续性，最终在数字经济产业发展的道路上处于领先地位，实现了国家数字产业战略从 0 到 1 的伟大突破。

（二）业务数字化

业务数字化阶段是我国数字经济发展的第二个重要阶段，这个阶段保留了初始信息化时代的优势，并在其基础上进行了进一步的发展与创新，从而推进了我国数字化产业的进一步发展。

第一，数字产业经济的发展。可以概括为是制度、科技与产业三者共同作用的结果，其主要的表现形式是优化原有产业的战略格局、运行系统与组织架构，这三者的优化在一定程度上是对原有网络数字化格局的优化，并促进了一批新兴数字互联网企业的诞生。

第二，业务数字化的发展。这在很大程度上取决于外部环境的整体变化，随着外部环境的不断变化与全球化程度的不断加深，科技的广泛应用与传播已成为一种提升生产力与生产效率的重要方式。这种业务数字化的变革在很大程度上推动了我国原有的商业格局与营销模式，不仅有利于企业进行成本的缩减，还能够促进消费者获得更加高效、精准化的消费服务。

（三）数字化转型

数字化转型阶段的出现同样是环境的变化而导致的，而其与业务数字化的区别体现在以下两个方面。

第一，两者的影响因素不同。业务数字化主要是因外部环境改变而导致的，数字化转型阶段是由于我国内部环境与外部环境变化共同作用而出现的，因此，其在技术应用领域所面对的问题和主体相比于业务数字化更多，对数字化产业的要求也更高。

第二，两者的融合程度不同。与业务数字化相比，数字化转型与产业的融合程度更高，所涉及的产业范围也更广。

通过对数字化产业生态圈的分析可以发现，中国的数字化产业生态圈事实上是一个循序渐进的、可调节的商业系统，其以数字化产业应用为基础，是数字化经济发展到新高度的产物。

三、数字化产业推动经济高速发展

在现代化科技应用于经济的过程中，企业的科技转型、业态更新与产业科技适配优化等方面都面临新的挑战，因此在未来的数字产业经济圈的发展过程中为了保障其发展的健康性，本书将着重以微观、中观与宏观三个视角为切入点，对数字产业推动经济高速发展的机理进行分析，如图 1-11 所示。

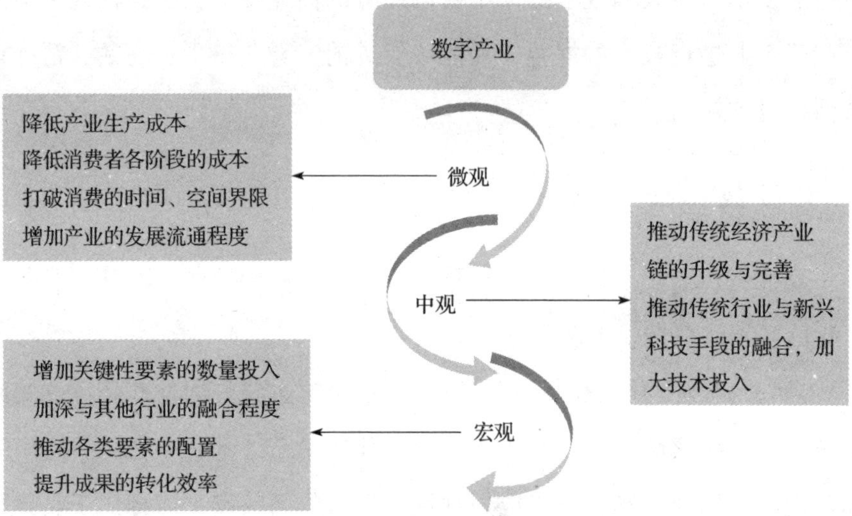

图 1-11　三个视角下的数字产业发展分析

（一）微观视角：微观主体行为转变明显

微观视角聚焦数字经济发展改变产业生产力、生产方式与消费水平的原因及其导致的后续产业动力的革命性增长。而数字产业生态圈之所以能够在一定程度上推动经济的发展主要是从生产者与消费者两个方面的成本入手，通过对原始成本的控制从而打破原有的生产贸易格局，最终影响生产与经营的效率。

第一，数字经济产业生态圈能够降低产业的生产成本，从而推动产业链经济的发展。数字经济产业最本质的变化是对原有生产方式的变革，这种变革在数字交易平台的业务中渗透得最明显，其能够在很大程度上降低企业的固定成本，同时对市场与产品的发展有更加精确的估计，从而创造出从规模到范围的经济变革。数字经济通过弱化传统产业贸易流动性差的缺陷，从而打破其时空界限，提高产业的发展程度与流通程度。

第二，数字经济产业生态圈能够有效地降低消费者各阶段的成本。此外，数字经济产业生态圈的深化在很大程度上推动了网络数字消费产业的发展。数字经济产业生态圈的出现在一定程度上打破了原有消费的时间、空间界限，并在此基础上对个性化方案定制等业务也产生了新型的业务种类，从而对主体行为的改变产生了重要的影响。

（二）中观视角：产业协调实体经济的升级与发展

中观视角主要是指观察数字经济协调与实体经济产业之间的关系，以及数字经济推动现有经济产业向好发展的可推进性与可实施性，也能够精准地体现经济发展的过程与实体经济变化过程中的影响因素。

第一，数字经济产业推动传统经济产业链的升级与完善。在我国传统行业中劳动密集型产业占比相对较高，而科技型产业的占比相对较低，这也注定了我国的数字产业基础相对薄弱。而数字经济发展所必需的信息与通信技术（Information and Communications Technology，ICT）行业在发展的过程中，同样遇到了技术创新性不足与结构相对不完善的问题，因此，数字经济如果想得到更加优质的发展，就需要在产业链完善方面与技术普及方面做出更多的投入。只有这样，才能进一步提升数字经济产业的发展程度。

第二，数字经济发展将会进一步推动传统行业与新兴科技手段的融合。由于在经济发展的过程中，产业间都具有极强的联系性，因此，不同行业的技术水平发展都会对其他行业产生一定的影响，这种影响在服务型产业中表现得尤为明显。随着软件与信息传输等中间投入品制造水平的不断提高，现有产业与实体经济之间将会拥有更强的相关性，同时，后者也将反作用于科技，促进其发展并产生新的发展可能性。

（三）宏观视角：改善资源配置的合理性

宏观视角对于数字经济观察的直接结论都是关于大环境下资源与相关要素的变动部分，而此类变动也在根本上解释了数字经济产业发展对于社会大背景下的经济状况所造成的影响，也能够对未来相关国家政策的制定有一定的参考作用。

第一，数字经济的发展必然将产生更多的资源配置变动，同时也会增加关键性要素的数量投入。伴随着这种资源配置的变动，数字产业与其他行业的融合程度也将逐渐加深，而数字作为无限增长与拥有极强变动性的新型无形资源，是产业发展取得新式成果的关键性因素。同时，数字经济的发展也能够对整体的资源配置规划产生一些有利因素，从而在资源的规划方面创造出更多的可能性。

第二，数字经济的发展在一定程度上能够推动各类要素的配置与成果转化效率的提升。其能够在生产力方面改善或减少企业同样产出所付出的成本，也能够通过这种方式更好地对资源使用的规划进行相应的配置。

专栏 2

“信息划时代突破”——猎聘网迎来第二春

猎聘网，2011 年成立于北京，作为国内的中高端人才职业发展中心在企业招聘的过程中发挥着重要的作用，其为猎头、招聘者和求职者三方互动的职业发展平台。猎聘网全面颠覆传统网络招聘以信息展示为核心的发布广告的形式，专注于打造以用户体验为核心的职业发展服务。猎聘网始终以“帮助职场人更成功”为使命，致力于成为高科技人力资源供应链平台。

一、高质量核心团队的选才架构

猎聘网在多年的发展中逐渐形成了一套属于自己的人才选拔与考核标准，而这套标准的核心是当核心岗位有空缺时进行线下与线上的双线招聘，从而更大范围、更多渠道地获取人才，减少时间成本。当候选者就位后，将同时开启内部与外部招聘的形式，通过共同竞争确定核心岗位人员，其中内部竞聘将采用工作业绩 +360 考评 + 团队合作 + 职业规划的方式；外部招聘将更多地从人才市场、行业竞争者与内推三个方面对人才进行甄选与考核，其相关标准将从职业规划的契合程度、心理契约与工作稳定程度三个方面进行综合考虑。对于与公司发展观念相符合的员工将采用一对一的形式进行培训，如图 1-12 所示。对于契合程度较低的员工，将采取拒绝或工作推荐的形式。这种方式能够从根本上保证员工的思想契合度与多方面人才的选择，也在一定程度上杜绝了人员效率问题与企业内部问题的产生。当数字经济的发展模式与发展水平达到一定程度时，人才甄选系统的广泛应用便会对猎聘网的选才架构进行进一步的优化，极大程度地缓解用人者的压力与提升该系统的效率，是猎聘网在当前能够取得明显领先优势的重要原因，这同样值得其他企业学习与借鉴。

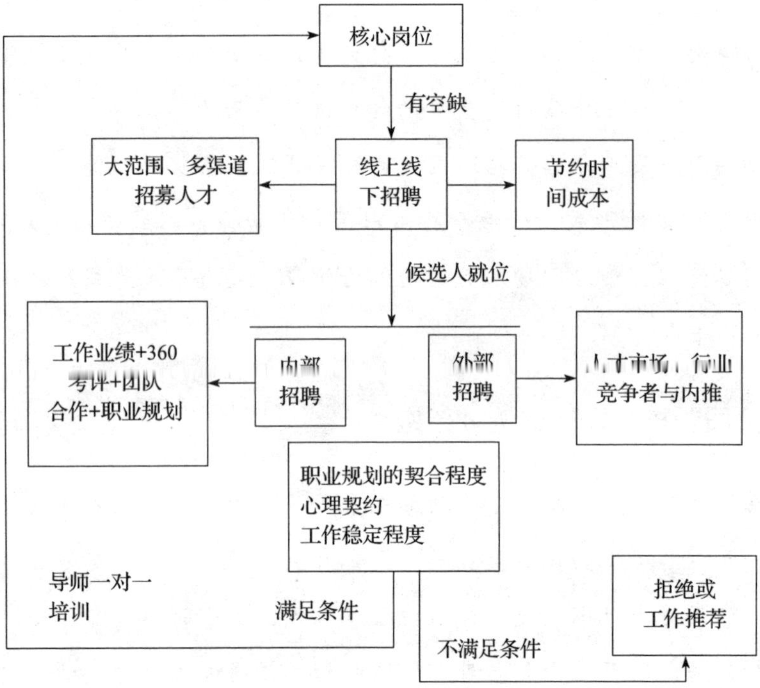

图 1-12 猎聘网的人才选拔程序

二、数字化考核标准与工作制度

猎聘网当前采用的是数字化考核标准，即将数字科技应用到招人的过程中，从而在改革过程中不断完善、提升整体考核标准与工作制度的可实施性与合理性。事实上，猎聘网核心员工的考核标准相对复杂，其对于政策与考核的解读程度也较弱，这种数字化考核标准的推进难度也相对较大。为此，猎聘网采用数字化考核制度对考核标准进行一定程度的解读，从而提升了政策的可理解性，也给予了员工更加透彻的制度解释，这能够在很大程度上提升员工的积极性与政策实行的连续性。

此外，这种数字化考核制度在一定程度上也对原有的绩效考核指标进行了完善：其一，把企业目标与数字经济联系起来，从而使绩效考核透明化，同样地，在一定程度上也对客户群体与目标进行了数字化的明确规划，最终所表现出来的数据同样能够令人信服，且更加高效地完成绩效反馈的相关工作。其二，在数字化考核的助力下，公司不仅能够较具体地反映员工与客户双向反馈工作制度的考核情况，还能够对员工的考核状况进行一定程度的统计，从而通过改善管理情况来提升员工的满意度。该模式的另一大亮点则是其能够较好地实施团队合作与工作的分担机制，从而为整体发展提供较充足的制度化保证，如图 1-13 所示。

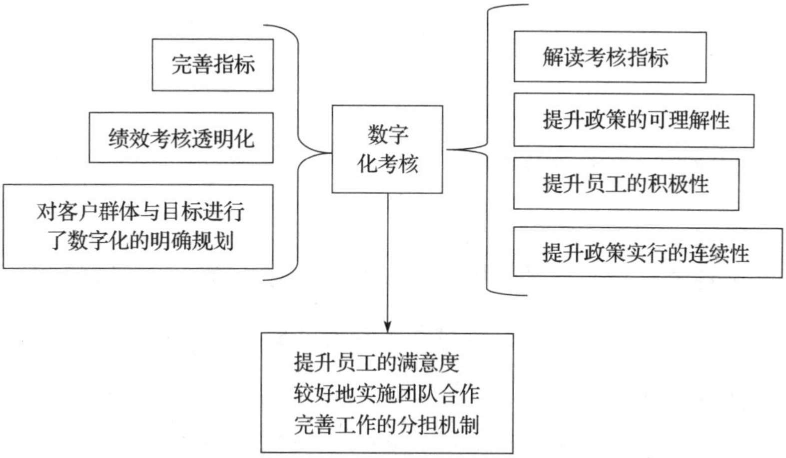

图 1-13　猎聘网的工作考核制度

三、启示

在数字化的大潮流中，猎聘网原有的制度受到了一定程度的冲击，而其却将数字化科技应用于企业管理中，并取得了相对较好的效果，也为未来的数字化产业发展与数字化经济提升做出了榜样。猎聘网的发展模式向我们呈现了一个道理：在数字经济发展的趋势下，只有不断地考虑改变原有模式，向数字化产业模式转变才能够取得长远发展。

（资料来源：笔者根据多方资料整理而成）

第三节　数字产业生态圈的优劣势

当前，数字经济已成为世界经济增长的关键因素，发展数字经济已成为全球共识。数字经济与实体经济的深度融合，以及数字经济应用场景的日益丰富，将为世界经济带来前所未有的机遇，为全球经济复苏带来新动力。

一、数字经济的产业优势

基于我国数字经济产业要素不断完善的社会背景，我国的数字经济产业圈不断发展。下面我们将对数字经济发展具有的重点优势进行较完整的阐述与分析。

一是我国先后颁布的《促进大数据发展行动纲要》《国家信息化发展战略纲要》等政策文件，为数字产业生态圈的发展提供了制度保障，这也是我国在与西方数字经济产业发展竞争过程中独有的优势。这种优势能够在一定程度上推动相关扶持政策稳步落地，为数字经济规划明确前进方向，为整体生态链的形成提供相应指导，推进数字经济的进一步拓展与规模的提升。

二是市场优势区位明显。当前我国有超10亿的网络使用者，在互联网与数字相关产业上需求极大，这种需求则是新型网络数字市场格局诞生与发展的基本原因。此外，我国在数字经济发展过程中有一些重要因素——产业链齐全、工业部门完善。这也能使我国数字经济产业生态圈在发展过程中进一步加强圈内产业经济流动的灵活性与彼此间的联系程度。

三是科技研发水平较高，整体优势较强。我国的基础性研发团队阵容相对较强，数字科研的相关能力也相对较强。"十四五"时期我国数字经济发展的主要指标如表1-1所示。

表1-1　"十四五"时期我国数字经济发展的主要指标

指标	2020年	2025年	属性
数字经济核心产业增加值占GDP比重/%	7.8	10	预期性
IPv6活跃用户数/亿户	4.6	8	预期性
千兆宽带用户数/万户	640	6000	预期性
软件和信息技术服务业规模/万亿元	8.16	14	预期性
工业互联网平台应用普及率/%	14.7	45	预期性
全国网上零售额/万亿元	11.76	17	预期性
电子商务交易规模/万亿元	37.21	46	预期性
在线政务服务实名用户规模/亿	4	8	预期性

如今，我国数字科技工作者的数量已居世界首位，这也在很大程度上提升了我国数字经济发展的上限与未来提升的可能性。

专栏 3

烽火通信：争当数字转型浪潮中的排头兵

烽火通信科技股份有限公司（以下简称烽火通信）于 1999 年 12 月 25 日创立。2001 年 8 月，烽火通信在上海证券交易所（以下简称上交所）上市。其注册资金为 4.1 亿元，总股数为 4.1 亿股。烽火通信是国内优秀的通信设备制造业企业，其长期专注于通信网络从核心层到接入层整体解决方案的研发，掌握了大批光通信领域的核心技术，其科研基础和实力、科研成果转化率和效益居国内同行业之首，参与制定国家标准和行业标准 200 多项，涵盖光通信各个领域。历年来，烽火通信承担了我国“五年计划”“863 计划”等光纤通信领域的绝大部分重点课题，90% 以上的科研成果均已产业化。

一、为高速公路企业数字化转型插上智慧的翅膀

随着我国交通建设步伐的加快，高速公路建设运营企业处于数字化转型发展的关键时期。但高速公路企业机构存在规模大且分散程度高、一体化管控难、信息互通滞后、数据难以分享、协同运转效率低下等问题。由于管理与运营难度的不断增大，传统的运营管理模式已经跟不上数字经济发展的脚步。因此，迫切需要借助云计算、大数据、互联网等数字技术改进与创新企业的运营管理模式，使企业向着集约化、精细化、科学化方向发展。面向高速公路集团运营管控，烽火通信构建了数字化综合运营管理平台，如图 1-14 所示。

数字化综合运营赋能高速公路企业产业升级，助力企业高效运营，全面提升企业业务的综合效能，为高速公路企业的数字化转型插上了智慧的翅膀。在数字经济时代，烽火通信作为大数据产品与服务的提供商，

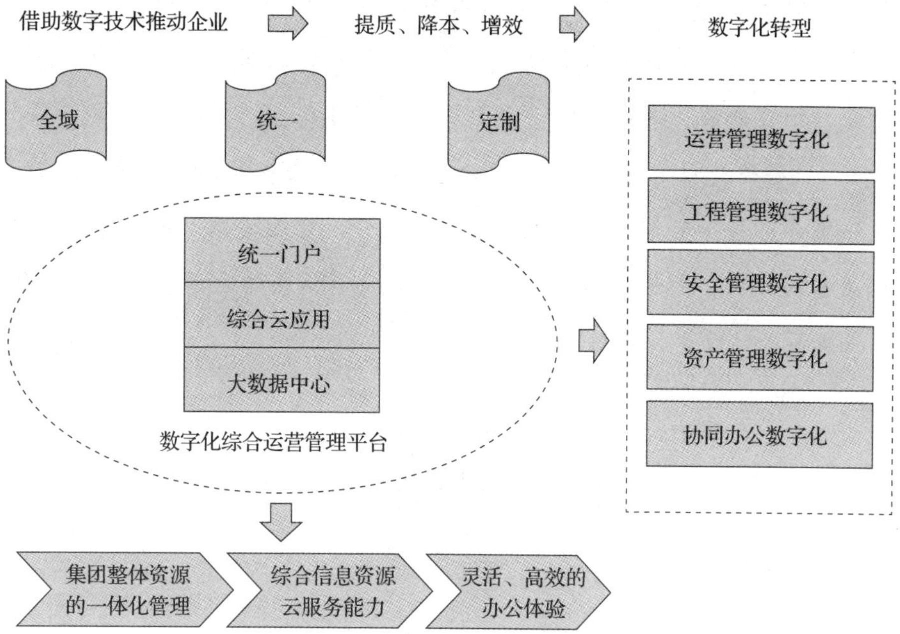

图 1-14　数字化综合运营管理平台

围绕自身技术和业务优势，赋能企业以数据为核心打造数字化高速，是整合集团运营、经营及管理等全域数据，以大数据为驱动，以运营管理、资产管理、协同办公、工程管理、安全管理等数字化管理为目标建立的一体化数字化综合运营管理平台。该平台充分满足了集团公司及下属企业集约管理、高效协同和科学决策的需求，实现了集团整体资源的一体化管控，并基于整合的全域大数据为各部门业务管理与协同提供了数字化应用和灵活、高效的办公体验。

二、烽火通信“一朵云”助力企业数字化转型

传统信息化系统建设大多是“烟囱式”架构，各业务部门的数据无法连通，缺乏统筹规划，难以支撑数据驱动的新业务模式，成为烽火数字化转型的掣肘。烽火通信于 2020 年开始全面启动企业云建设，着力于

打造一个可信、安全、智能、灵活的数字化转型基座，并取得诸多成效。烽火通信企业云建设依据企业“一盘棋”思路，按照“统一规划、分级建设、物理分散、逻辑集中”的原则进行整体规划，构建烽火通信“一朵云”。整体建设采用烽火 Fit Cloud 全栈云解决方案，按照统一门户、统一服务、管理变革、价值提升、高效运营、智能运维、弹性伸缩、异构兼容的目标，打造数智“一朵云”。烽火通信通过企业云建设，实现了五大层面的改变，如图 1-15 所示。

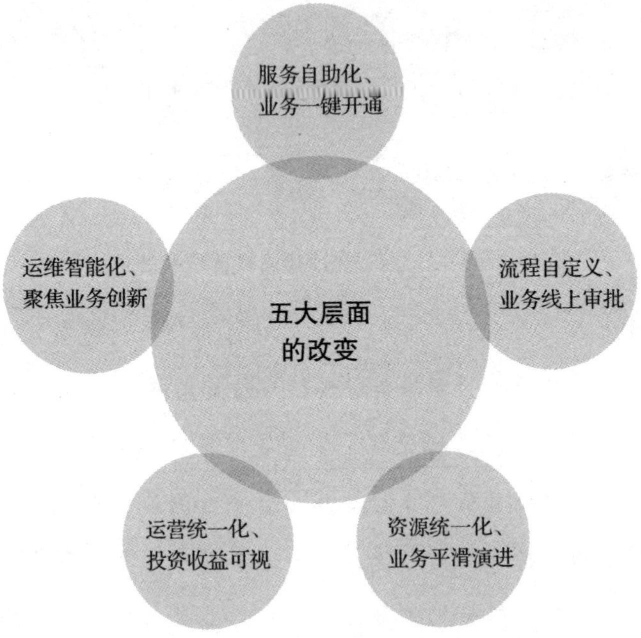

图 1-15　烽火通信实现的五大层面的改变

一是服务自助化、业务一键开通。通过构建统一运营管理平台提供自助服务模块，资源需求人只需要通过自助服务入口，以按天计算即可进行自助申请，系统可自动完成资源的创建和发放，申请周期从按天计算缩短到按小时计算，并实现了业务一键开通。

二是流程自定义、业务线上审批。通过统一运营管理平台的流程自定义模块，管理员以拖拽的方式，即可针对不同的部门、业务单元定义匹配组织架构的审批流程，各审批节点自动通知、自动流转，整个流程实现了线上审批，更省时、更高效。

三是资源统一化、业务平滑演进。统一整合各部门的需求，进行分级建设，构建多个资源池，通过企业云平台形成统一的逻辑资源池，支撑各类业务需求，通过迁移、新建完成业务系统的平滑上云和演进。

四是运营统一化、投资收益可视。提供统一的运营中心，汇聚各类资源的实时状态和趋势，如数据库、中间件、云桌面、云主机等，并通过大屏进行全面的可视化展示；同时提供计量计费、资源报表等功能，详细展示各资源的使用情况，让投资和收益可视。

五是运维智能化、聚焦业务创新。提供智能运维管理平台，管理各类资源平台，实施分级运维，实现高效运维和协同运维，提升运维效率和用户体验。通过智能运维管理平台，实现部分业务的运维自动化，并通过大屏进行数据展示，让运维管理一目了然。

三、启示

当数字浪潮席卷全球、数字经济强势崛起，新一轮科技革命和产业变革深入推进，信息通信技术正以新理念、新模式、新业态的形式全面融入经济、政治、文化、社会、生态文明建设各领域，产生了广泛而深刻的影响。作为该领域的领先厂商及践行者，烽火通信需要沿着数字化之路砥砺前行，继续探索与创新相关的技术和解决方案，并积极将之付诸实践，从而取得成果。

（资料来源：笔者根据多方资料整理而成）

二、我国数字化产业的薄弱点

在当前的全球数字化产业领域中，我国具有明显的区位优势。在数字经济发展的过程中，我国也取得了较为显著的成果。虽然我国具有发展数字经济的优势，但也要清晰地认识到我国当前数字经济产业生态圈在发展过程中所遇到的问题与挑战，而以上挑战在一定程度上也表现出了我国数字产业经济基础的薄弱，此处提及的薄弱点可概括为以下三点。

一是数字经济发展广而不精。我国数字经济拥有较领先的增速水平与基站覆盖率，2021 年以超 10% 的增长率在世界数字经济领域处于领先地位。但是，我国数字经济的整体精度、科技水平高度还有待进一步提升。2021 年，我国的数字经济规模已经突破了 5 万亿美元大关，在全球处于第二的位置，但我国数字经济在发展过程中仍存在一些问题，如整体发展进度相对滞后，分布范围与广度也有所不足。

二是缺乏支撑性技术。我国的数字经济产业生态圈在发展的过程中，由于支撑性技术的缺乏导致企业之间的关联度与创新性交流较少，这也是我国数字经济发展过程中最大的绊脚石。支撑性技术的缺乏尤其体现在了算力平台的构建过程中。算力平台由整机、芯片、应用与系统组成，其中我国的芯片与系统受到的技术约束限制尤其明显，当前数字经济设备的核心科技——芯片大多由西方强国掌控，这也直接导致我国数字经济产业链的发展在根本上处于被动地位。此外，技术问题已经成为我国数字经济产业生态圈发展过程中必须要面对与解决的问题。当前我国企业已经认识到了这些在未来发展过程中出现的巨大阻力，通过积极应对、努力克服，以推动我国未来数字经济产业的发展。

三是数字经济国际话语权仍待提升。虽然我国的数字经济产业生态圈已经实现了初步的发展，但在未来的发展中，我们应该具备国际视野与世界眼光。数字经济国际化已经成为未来发展数字经济的必备环节。当前，我国应提升数字经济产业生态圈的国际地位，为国际化业务发展做出一定的铺垫。

三、数字经济产业生态圈前景光明

2020 年之后，数字经济产业链加速发展，当前已经初步形成了以“云”为本质的在线虚拟数字产业体系。在此背景下，未来数字经济产业生态圈如何发展、前景如何已经成为人们关心的重要问题。回答这个问题的关键在于如何把握数字经济产业的发展规律与发展特点，进而做出符合我国国情的数字经济产业生态圈的机制判断。在未来的发展过程中，融通性科技将在一定程度上推动数字经济产业生态圈的发展，数字经济的完善性与整体性也将增强。

在未来中国数字经济产业生态圈的发展过程中，我们需要努力把握时代机遇，完善自身结构。此处所指的机遇包括 Wi-Fi、5G 科技、大数据等。此外，还需要通过进一步发展中国数字产业来拓展生态圈市场。数字经济产业生态圈具有生态循环、互利共赢、提升产业效率的功能，而该功能的呈现需要与较广阔的市场规模进行融合，这样才能相对明显地表现出发展的重要特性，这也对市场的合理利用提出了更高的要求。

中国只有依赖强大的市场优势，在关键性创新驱动发展战略上投入精力进行完善，才有机会进一步提升数字科技水平，从而间接提升数字经济产业生态圈的完整性。随着 5G 的发展，未来的数字经济格局也将不断地向“5G工业互联网”时代转化。这种新型的转化将在一定程度上使资源汇集与转化能力不断得到加强，助力传统的工业互联网实现真正意义上的互联网服务化转型，进而完善互联网产业生态圈的高端价值产业部分。

数字经济产业生态圈对产业发展所带来的直接影响是大连接、循环性等特点能够促进传统产业实现人、数、产业三者之间的互联与全面感知。随着这种影响的不断深入，新型科技的发展与渗透的价值融合能力、市场需求供给敏感性、数字统计能力、产业连接整合能力将不断得到增强。在未来，数字经济产业生态圈的发展将会推动互联网数字产业、工业、农业与服务业之间糅合互通和深度拓展的关键共性技术的发展。

章末案例

禾丰牧业：数字经济产业发展中的牧业奇迹

财务共享服务之所以能够取得丰硕的成果，离不开自身配套的保障措施，其根本出发点是提升效率与降低成本。企业多个环节的整体协调与配合也是财务共享中心发展的重要保障性措施。这种保障性措施主要包括管理层支持与整合人力资源两部分，两者分别保障领导决策的正确性与政策的可执行性。禾丰牧业能够取得成功的决定性因素便是自主打造的“供—产—销”体系链，该体系的建立从根本上保证了原料的供应与质量。也正因该体系的建立，才能使禾丰牧业通过数字化营销开拓了更多市场。因此，可以说，禾丰牧业是一家数字化产业，其自主打造了一套数字化与传统产业相结合的新模式。

一、公司简介

禾丰牧业创立于1995年4月，历经不懈的奋斗，由一个白手起家的科技型创业公司成长为中国驰名、在全球饲料工业舞台上颇具影响力的大型企业集团。其业务范围以饲料为主，并涉猎国际贸易、生物制药、饲料机械、养殖设备、农产品深加工等相关领域。其也是行业中较早采用"数字化管畜牧"方式的企业，当前已经成为行业龙头，其独创的数字化管理模式被称为"禾丰模式"。

二、独创数字化管理模式

禾丰牧业的业务涉及范围广、种类多，主要产品有饲料及与牧业相关的产品。在多年的运营与执行过程中，禾丰牧业逐渐形成了一套属于自己的数字化管理模式，从而大大提升了企业运营的综合效益。作为一家牧类企业，禾丰牧业整体的运营模式更加偏向于从市场到销售的全产业链运营，具体模式为采用大数据统计进行市场调研，而后对调研结果进行较细致的划分，根据大数据的统计确定不同产品的生产指标与配方，推出新产品并对采购原料进行一定程度的深加工，最终与第三方数字产业合作，并采用线上线下相结合的营销方式。此外，禾丰牧业也为养殖者提供相关的配套服务，最大限度地提升产品的附加值。因此，这套从生产到销售再到售后联系密切、责任明确的产业链帮助企业赢得了行业良好的口碑与经营利润。2020年，禾丰牧业将大部分的线下产业资源转到了线上，积极启动创新预案，通过短视频、App等形式实现了产业链的丰富与延续，如图1-16所示。

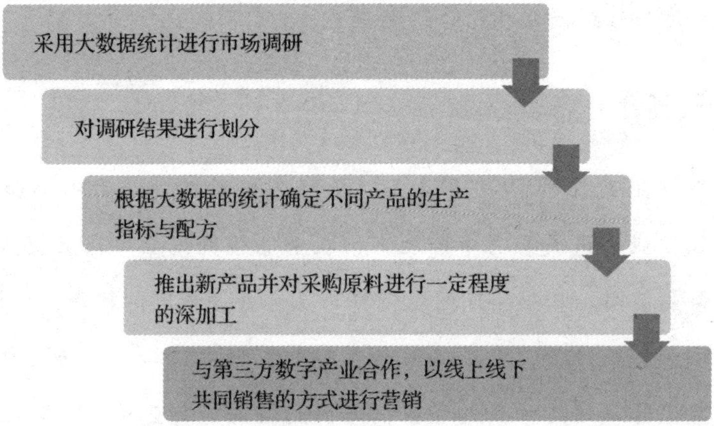

图 1-16　禾丰牧业的数字化全产业链运营

三、财务共享服务中心的模式应用

2016 年，行业知名企业温氏股份提出了建设财务共享服务中心的理念，得到了禾丰牧业等企业的支持与认可。随着数字经济的发展，IT 科技正在不断融入企业的各个业务环节。而当年的禾丰牧业信息化管理水平并不高，因此，传统的制造运营模式难以满足集团发展的需要。建设财务共享服务中心是降低整体成本、提升运营效率的最优选择，也是实现财务透明化的数字新手段。所以，禾丰牧业便制订了构建财务共享服务中心的相关规划，从而增强了财务的可参考性，并提升了其农业信息质量。此外，财务共享服务中心同样拥有一套配套化的平台架构。在财务共享服务中心的规划中，着重处理作业量较大且反复性强、服务可集中化处理的业务。这也是禾丰牧业重要的发展理念，如图 1-17 所示。

四、数字化营销模式创新

销售网络化在一定程度上能够降低经营者的销售成本、时间成本与储存成本，减少中间商对产品价值的剥削，直接将消费者与牧业从事者

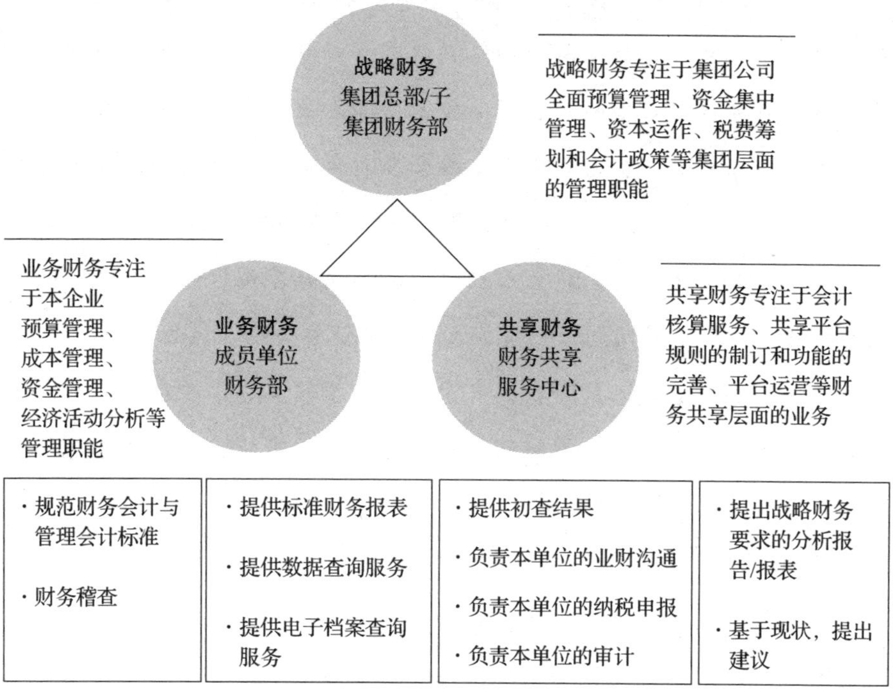

图 1-17　财务共享服务中心的架构

联系起来，从而推动农产品的生产者精准确定客户的需求，如图 1-18 所示。

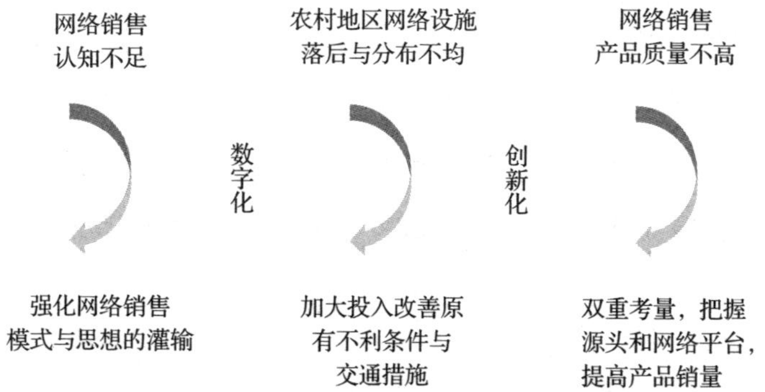

图 1-18　禾丰牧业数字化营销模式创新

电子商务营销模式在一定程度上是禾丰牧业数字化营销模式的创新，而且发展该模式一方面需要对网络销售有准确的认知，能够认识到其对于销售的重要性与必要性，在网络技术全面发展的今天，传统牧业发展需要满足民众的需求；另一方面需要顺应时代发展，禾丰牧业便大力发展新型农业技术创新，从而打开了农产品的网络销售渠道。

一是加大宣传力度，扩大人们对网络的认知范围。针对上文提到的网络销售认知不足的问题，应当加大对网络销售与经营模式的宣传力度，进一步提高创新意识。针对我国农产品网络营销工作发展水平不平衡等问题，禾丰牧业注重强化网络销售模式与思想的灌输，从而引导人们提高对新型网络牧业的接受程度。

二是加大设施建设，形成网络营销体系。针对农村地区网络设施建设落后与分布不均的问题，禾丰牧业采取加大投入改善原有不利条件与交通的措施，在根本上推动基础设施的完善与建设，从而在一定程度上助力扩大企业的知名度，也在一定程度上推动了整体的网络实施与门户网站的建立。通过搭建各类网络销售平台，为企业的生产与销售提供了及时、准确的技术与信息，也在一定程度上对传统的供需关系进行了一定程度的完善。

三是建立标准体系，提高产品质量。针对消费者提出的网络销售产品存在的质量问题，禾丰牧业按照国内标准，通过源头把握和网络平台的双重考量规范产品质量，帮助产品经营者与消费者建立良好的沟通和信任桥梁。同时，这也是禾丰牧业用户黏性较高的根本性原因。

五、启示

禾丰牧业的发展一方面得益于时代与背景，另一方面也得益于其本身的完善结构与措施的合理性。在数字化的洪流中，禾丰牧业紧紧地抓住了机遇，实现了数字化经济产业的发展。而事实上，其不仅带动了本产业的发展，也带动了区域基础设施建设与周边经济的发展，这种发展又反作用于禾丰牧业，最终实现了产业的双赢。

第一，增加人才配置，提升采购能力。禾丰牧业在采购系统的团队建设、采购模式、业务管理规范及技采联动方面采取了大量的措施。

第二，强化对标管理，构建过程绩效管理体系。禾丰牧业从肉禽业务成熟的管理模式中萃取经验，提炼总结，在各经营单元中推广应用。利用月度的集团层、区域层、公司层的三层级经营分析会，辅以巡检小组、专项项目组、任务清单等管理方式和工具方法，形成一套完整的“过程绩效管理”的PDCA循环体系。强化对标管理和计划追踪，促进企业对市场进行深入洞察、复盘管理，实现对上承接战略目标和关键战术计划的落地执行，对下实施对组织和个人的绩效跟踪管理的目的。

第三，加强资本运作，助力经营发展。2021年，禾丰牧业已回购2095.66万股，累计支付两亿元，股份将用于实施员工持股计划或股权激励计划，助力公司战略目标的实现。

（资料来源：笔者根据多方资料整理而成）

第二章

新业态：乘数字之势，就业态之新

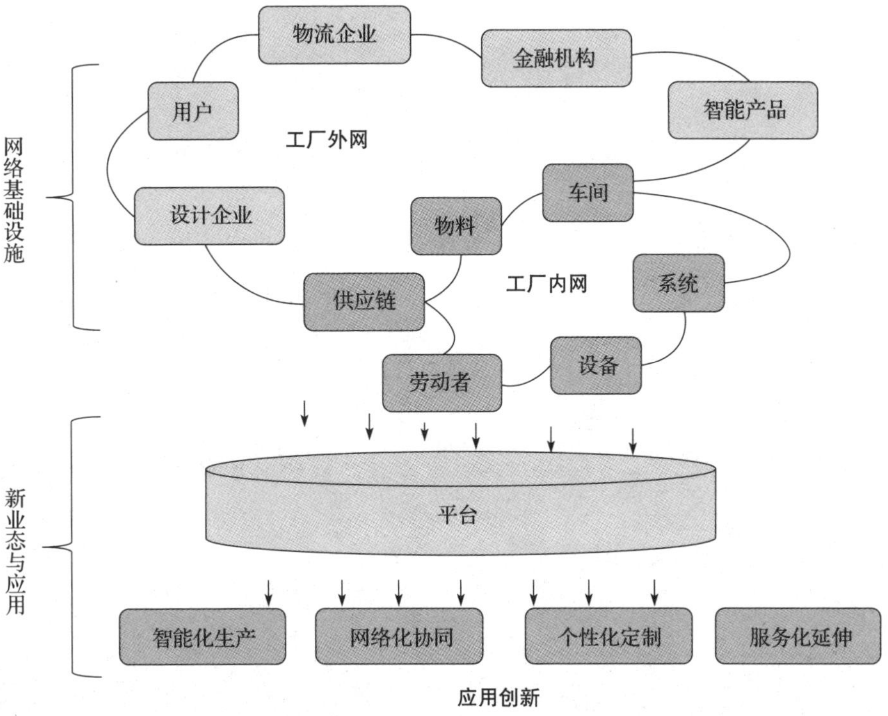

开篇小语

新兴的经济发展模式——新业态正在不知不觉地改变着工作、生活、消费等模式。新业态完成了质的飞跃，发力商业“新物种”的推出、新消费场景的营造及新业态的调整升级，以满足不同人群新的消费需求。新业态正以蓬勃的生机不断地推动着社会的发展。

数字科技已经成为实现数字经济的关键手段，成为当下各行各业实现数字化升级的必选项，并激发新业态、新模式，助力数字经济规模不断扩大。

——京东数字科技副董事长　陈生强

开篇案例

宁德时代：中国新能源企业看业态创新

随着数字时代的开启，消费者观念正发生着深刻的改变，新能源因具有低碳、节约、高效及广泛互联特性的巨大优点，已成为世界上经济发达体能源战略竞争的重要焦点与市场，目前已经应用到全球各行各业中。受益于政策推动、技术进步及配套设施的普及等因素，全球新能源汽车市场持续以增长的趋势，带动动力能源电池行业市场规模快速提升。新能源汽车作为一个新兴产业，引领着新业态。智能分配发动机与电动机的双驱动模式，创造以更高效率驾控更低油耗的绿色驾驶体验，通过智能科技与超高安全标准打造移动“安全屋”，多元场景与环保责任兼顾，一步尽享全新生活方式。随着行业规范制度的确立和完善，行业的市场竞争秩序更加稳定，中国的能源行业必将出现新的快速增长，下游车企必将加大新能源业务的发展力度，注重提升产品竞争力和用户体验，推动优质新能源车型的投放、续航里程的提升、智能驾驶体验的优化及配套设施进一步完善，消费需求显著提升。

一、公司简介

宁德时代新能源科技股份有限公司（以下简称宁德时代）创建于2011年，是全国领先的新能源创新型科技企业，是我国最早具备国际竞争力的动力电池生产商之一，专注于新能源汽车动力电池系统和储能系统的开发、生产、改造与营销，并致力于为新能源应用市场提供世界一流的方案、产品与服务。其主要产品涉及动力电池技术、储能装置和锂电池等化学材料，主要为传统动力乘用车生产动力电芯、动力电池功能模块和动力电池包，为电动巴士车和电力运输车辆供应动力电池包。电力储能设备一般分为动力电芯、动力功能模块、电池盒和电池箱，动力电源产品也适用于发电、输配电力等供电行业。宁德时代主要是通过开展三元锂电池材料业务模块生产，将废旧电离子电池中的镍、钴、锰、锂等有价金属，经过加工、筛选、纯化、制备等工序，制造出三元前驱体（镍、钴、锰、氢氧化物）等。三元前驱体是制造三元锂电池的主要原料，而三元锂电池则是在制造清洁能源及车辆的动力电池系统中的关键性能源材料，由此实现了资源的双循环使用。目前，宁德时代已和国内外众多著名的新能源车企形成了战略合作伙伴关系，为全球用户开发并制造了纯电力燃料车辆、混合电动燃料车辆等的动力电池系列，不断地为社会创造洁净、高效、健康的环保产品，并已经在全球行业领域中占有了一席之地，成为业内第一个成功进驻全球顶级新能源车企产业供应商群的锂离子动力电池制造厂商。

二、TWH 时代：巧克力换电块

2022 年 1 月 18 日，宁德时代全资子公司时代电服在线上举行了首场能源发布会，发布了换电服务品牌 EVOGO 及组合换电能源整体解决方案。组合换电能源整体解决方案由“巧克力换电块、快换站、适配 App”三大产品共同构成，如图 2-1 所示。

回顾新能源汽车行业的升级发展历程，在续航里程、补电便捷性及购置使用价值三个主要变量的共同推动下，随着动力电池的能源容量密度越来越高，电能储备也越来越大，续航里程也进一步提升，用户对新能源车的认知与接受程度也越来越高，从而所带动的市场规模也越来越大，而锂电产业的发展正在走向全新的TWH（亿千克·时）时代，共享化和时代化成为时代主题。在车电分离的发展模式下，人们将能源电池作为公共资产独立起来，使电池不再是个人的私有消费品。

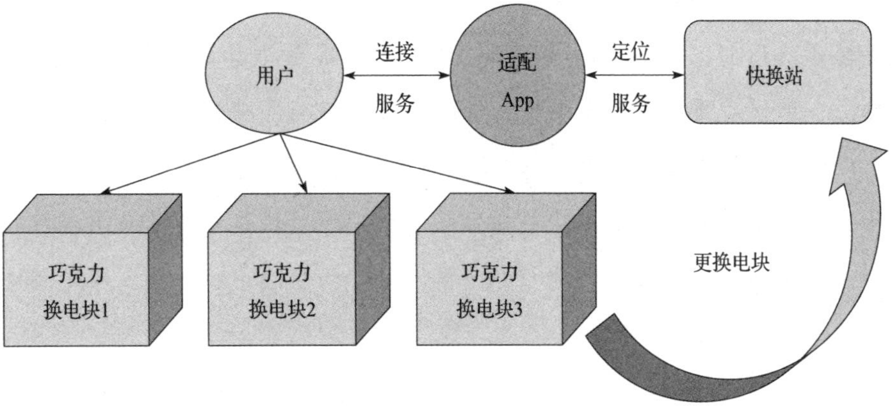

图 2-1 组合换电整体解决方案

巧克力换电块是专门为实现"共享换电"目标而开发量产的能源电池快。它有三大优点：一是小巧、高能。采用宁德时代最新的研发技术，巧克力换电块的重量总能量密度超过160Wh/kg，体积总能量密度超过325Wh/L，单块电池可以提供200千米左右的续航里程，并适配大部分纯电平台开发的车型。二是自由组合。可以一块、两块或者三块按照不同的续航里程需求快速、灵活匹配。三是极简设计。首次采用无线BMS技术，换电块外部只配有高压正负接口，大幅提高了插拔部件的安全性和可靠性。快换站具有占地小、流通快、容量大、场景式、全气候等特点。一个标准站仅需三个停车位面积，单个电块的更换时间约一分钟，站内可存储48个换电块，确保每个用户时时都有满电的电块可以进行更换，无需长时间等待，有不同场景版本的换电站可以适配不同地区的气候环境。服务App提供了人、车、站、电池块之间的对接功能和服务。

宁德时代提出的EVOGO换电业务，首先，它能够做到“一电多车”。EVOGO的巧克力换电块能够适应于从Aoo级（微型车）到B级（中型车）、C级（中大型车）的客车或物流运输车，换电厂能够适配采用巧克力换电块的各类纯电车辆，达到换电车辆灵活自如。其次，用户能够选择租用电块的数量，“按需租电”。长期驾车外出者可利用2～3个电块，回城后再换回1个电块，做到了可增可减的按需租用电，从而真正做到了供电自如。最后，EVOGO提供的换电方案——“可充可换”模块，和目前的家充、快充等一起形成了全环境的快速补能方案，从而提供了补电环节自由化，构建“电—车—站”物联网系统，全方位提供技术保障，如图2-2所示。

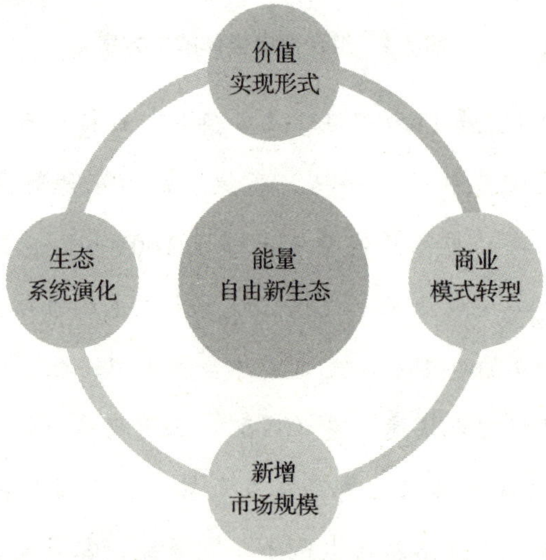

图2-2　能源新生态

“建立全球一流的高新技术企业群，为人类发展各项新能源事业做出伟大奉献”是宁德时代发展的共同愿景。电动汽车服务时代的建立也标志着宁德时代实现了从电池生命周期开发、设计、生产、应用、再回收的闭环价值链过程，给新能源车消费者带来了更加美好的使用体验。未来，EVOGO将选择首批十个城市启动能源交换服务模式，并公开推出更多品牌能源交换模式。

三、创新、绿色发展

“以创新成就客户”是宁德时代的企业使命，技术创新是企业生命力的源泉，成就客户是宁德时代获得持续成功的重要保障。通过对电池特性的深度研究及多年的实践经验，宁德时代将持续进行能源产业的迭代革新，最终为用户提供站在时代最前沿的新能源解决方案。在智能领域的开发平台上，宁德时代将采用智能传感器、智能算法和智慧协同三大研发布局，为用户带来更经济、更安全、更可靠、更个性化的应用体验，让能量自然循环流转、高效灵活分配，如图2-3所示。

宁德时代践行绿色低碳的价值观，致力于做好环境友好型公司，并始终重视在公司内部及企业中的资源环保、资源自由、可再生能源利用、节约减碳、资源循环使用，积极推动“绿色循环经济发展”。宁德时代积极提高可再生能源的利用比重，持续加快光伏能源建设，环保电源利用占比达22%。宁德时代实施了一系列环保降碳措施，利用设备调整和更新等手段降低温室气体排放量，通过资源利用、运输和配送、产品管理、营销等环节持续改革和技术创新。EVOGO换电服务促进绿色发展，在未来，人们将在更多的城市看到发光的“小绿环”。在回家的路上、在出行途中，换电块将赋能每一辆车、焕活每一段旅程、服务好每一座城。

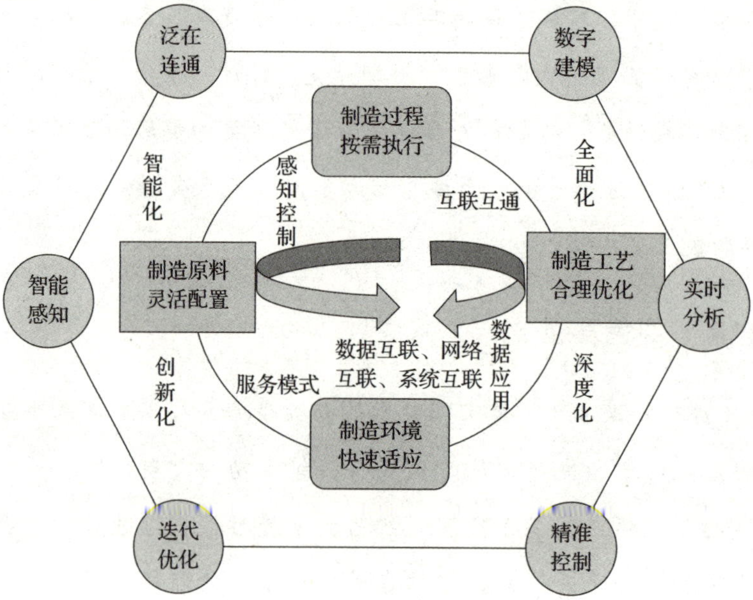

图 2-3　智能开发领域

四、启示

随着人们对能源密度、稳定性等性能的要求，以及对替代、可继续电池技术的要求，钠离子燃料电池、固态燃料电池、氢燃料电池等受到了人们的普遍关注，而世界上许多著名的车企、燃料电池公司、材料集团、研发单位也开始加强对新技术路线的研究，并逐渐向产业化、市场化、规模化等方向进一步发展。

第一，产业链协同，全方位拓展市场。在全球动力电池企业排名中，宁德时代连续五年荣获世界第一。宁德时代将眼光放在国际市场，提高国际市场占有率，促进技术的不断发展，与产业上的龙头企业强强联合、共享资源，促进行业共生发展。宁德时代积极推进材料体系、系统结构、极限制造、商业模式等方面的创新，优化运营管理，加大市场推广力度，全面提升市场竞争力。

第二，多元化发展战略。宁德时代坚持多元化企业发展战略，从生产效率、产品质量、安全保障等方面入手着力提升制造能力，利用人工智能、先进分析和边缘计算/云计算等技术，积极改进现有制造工艺和提升产品质量，对其他产业链进行提前布局，在锂离子电池、混合能源动力、生物电池、传统能源、代用能源等领域进行多元化研究与发展。在能源汽车方面，也不能只注重里程，应该结合储能技术和其他应用，进行多样化应用，挖掘多种效益增长点。

第三，核心文化建设。要打造战略性新兴产业的龙头企业，不仅要进行技术创新，文化也是企业的内核。宁德时代立足中华、包容世界企业文明，努力建设全球一流的新技术企业，为发展新能源事业做出巨大贡献。宁德时代将始终保障企业产品安全、信息安全、财务安全、经营安全、管理安全、政治安全；避免不可抗力的影响；在公司内部和供应商中倡导诚实、道德、合法、廉洁等，坚持守正经营的理念。

（资料来源：笔者根据多方资料整理而成）

第一节　新业态的“数字产业”

毫无疑问，数字化时代已经来临。以大数据信息技术为代表的信息技术的研发日新月异，随着产业和社会经济的不断发展，也产生了许多新型的市场需求。数字化将这些新兴的大数据信息技术和现有的新需求进行交汇融合，发展出了各类新业态。

一、农业创新融合

自古以来，农业就是我国的第一产业，是国民经济的基础。在居民消费需求转变迅速和市场竞争越来越激烈的情况下，农产品企业利用商品与服务方式的创新去迎合甚至带动居民消费需要，在这个过程中，农业的生产形式、组织形态、营销形式都在发生相应的动态变化，产生了一种新型的农产品业态。近年来，我国农业数字化中的零售业蓬勃发展，且在我国占有一定的优势。根据当前的农村发展状况，将农村新型产业分为业务服务型、科技服务型、社区服务型和生产服务型等多种类型。具中，发展较好的具体形式有订单（众筹）农业、定制农业、休闲农业、创意农业和智慧农业这五大类，如表 2-1 所示。

表 2-1　我国主要农业新业态形式的联系和不同

新业态类型	联系	不同
订单（众筹）农业	—	根据消费者的需求决定生产
定制农业	预期收益较高	根据区域性需求决定生产
休闲农业	参与主体受教育水平较高，提高农产品品质与农民收入	利用乡村特色环境
创意农业	新型主体参与新业态程度高于普通农户	更多地融入科技和人文因素
智慧农业	—	依托物联网设备实现智慧种养和生产决策

农业新业态具有以下四个特点。

一是成长性能优。根据农业业态生命周期理论的标准形式分析，多数农业新型业态正处在萌芽期或成长期，并具备较好的行业发展后劲和市场拓展潜力，行业发展增长速度也往往明显快于传统农业的发展模式。

二是产品附加值高。农业新业态形成的主要依赖路径是通过各个产业之间的交叉融合，这就使农业新业态具有高度融合的特征，与其他产业的产品服务相关性高，附加值也高。

三是引领性强。农村新型业态通过采用创新的经营理念、创新的生产技术，形成了新商品、新技术、新业务，再造了农村传统产业发展的新优点，行业带动性更加明显。

四是"三产化"特点明显。以传统农产品为"一产"，主要满足人们的物质生活需求。新型服务业通过非物质部门对农产品市场的深入渗透，推动了农产品市场从单纯的供应商品向供给公共服务、从"一产"向"三产"创新转化。农产品的"三产化"特点凸显，服务化特点趋强。

根据以上四个特点，2014 年我国提出了智慧农业的概念，2016 年智慧农业首次被写入"中央一号文件"，说明了我国政府对智慧农业的重视。国家将越来越关注智慧农业的发展创新，并且随着地方政府的进一步产业升级，国家智慧农业的行业规模将会不断扩大。2016—2021 年我国发布的相关政策如表 2-2 所示。

表 2-2　2016—2021 年我国发布的相关政策

日期	相关内容
2016 年	大力推进"互联网 +"现代农业，大力发展智慧气象和农业遥感技术
2017 年	加快科技研发，实施智慧农业工程，推进农业物联网和农业装备智能化，发展数字农业，实施智慧农业、林业、水利工程，推进物联网试点
2018 年	大力发展数字农业，实施智慧农业、林业、水利工程，推进物联网试验示范和遥感技术应用

续表

日期	相关内容
2019 年	深入推进“互联网＋农业”，扩大农业物联网示范应用。推进重要农产品全产业链大数据建设，加强国家数字农业农村系统建设。继续开展电子商务进农村综合示范，实施“互联网＋”农产品出村进城工程
2020 年	要依托现有资源建设农业农村大数据中心，加快物联网、大数据、区块链、人工智能、第五代移动通信网络、智慧气象等现代信息技术在农业领域的应用，开展国家数字乡村试点
2021 年	建设现代农业产业园、农业产业强镇，优化特色产业集群，推进农村一、二、三产业融合发展示范园和科技示范园区建设，到 2025 年创建 500 个左右示范区，形成梯次式推进农业现代化的格局

二、工业场景式变革

2020 年，新冠肺炎疫情席卷全球，不仅给世界各国带来了巨大的威胁和挑战，也成为互联网产业快速发展的巨大动力来源。以“线上”“产业互联”为特征的“场景”创新与改革，将通过全要素、全智能、全产业链、全价值链的全面对接，加快企业数字化转型升级的步伐，加快产业市场新商业模式的构建。工业互联网并非网络技术在制造业上的单纯运用，它有着更丰富的内涵与外延。它以互联网技术为依托，以服务为核心，以信息为元素，以安全为保证，既是企业数字化、互联网、智能变革的重要基础设施，也是将网络技术、大数据、个人计算机与实体企业深度结合的应用平台。同时，它也是一个全新的商务体系与生产经营方式，将重塑企业商务结构、供应链与产业链，如图 2-4 所示。

工业网络的集成技术与创新应用已经广泛、深刻地延伸至相关行业，构成了新平台设计、新智慧生产、新技术、新的网络协同、新的产品定制、新的业务拓展，以及全新的数字管理，赋予、智能、创新和归属的功能不断涌现，有效地推动着企业实体经营的增长，包括改善品质、提高效益、降低成本、绿色发展、循环安全。工业互联网将工业生产过程中的所有要素进行连接和集成，以达到进一步提高工业自动化水平、产业升级和各种生产要素高效利用的目的。互联网的工业场景呈现出大规模设备连接的特点，密集的计算任务和对时间延迟的敏感性，对现有的通信网络来说是一个巨大的挑战。第五代移动通信技术和移动边缘计算可以为工业互联网提供大量可靠的通信连接和计算流量服务，同时确保服务延迟需求，是支持工业互联网的关键技术。

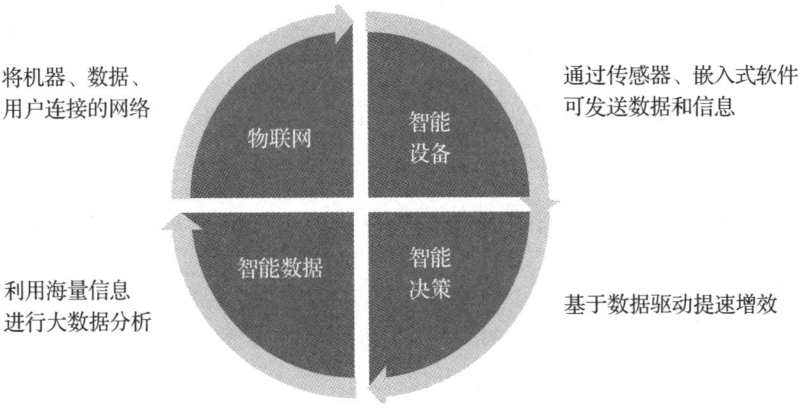

图 2-4 工业互联网

专栏 1

金风科技：风电“大户”

新疆金风科技有限公司（以下简称金风科技）是我国世界领先的风能发电设备研究与生产公司，也是风能发电领域的全球解决方案模型提供商。金风科技具有独立自主技术专利的直驱永磁技术，代表着全球风能发电领域中最具增长与前景的新科技路线。金风科技曾两次获得由《麻省理工学院科学与技术评论》等期刊颁发的“全球最具创新能源能力的五十强公司”。目前，金风科技是世界上最大的直驱永磁风机研发公司，在绿色洁净能源、节能减排技术与环保应用等领域处于世界领先地位。它将致力于引领新的再生能源变革，让人类将可以负担得起、安全、可持续和安全的再生能源造福于全球。金风科技主要专注于风电、智慧能源网络、节能与环保三个应用领域，通过强有力的科研成果、技术创新及优秀的商业实践经验，把可再生能源的利用率提高至全新水准。

一、智慧风电场

金风科技依托专业化、标准化、规范化的工程建设能力，结合多年的风电场建设经验，整合产品链资源，提供高标准、安全可靠、智慧透明、灵活定制的系列化智慧运维模式解决方案，随需而变，最大限度地提高风电机组的运行效率。同时关注资产安全运行与优化，为风电场量身定制性能优、发电量高、可延寿的全面技改方案，提升风电场资产价值，如图 2-5 所示。

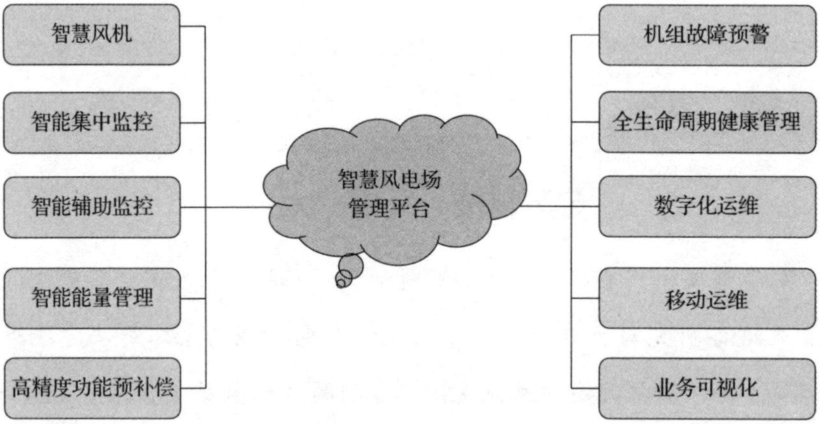

图 2-5 智慧风电场

新时代的风电机组也掌握了更多的数字化技术，每台发电机组均配备了200+智能感知设备、300+设备失效警示模块、元件级在线实时监测、毫秒级自动控制与安全保护系统，可收集最小颗粒度的数据，以实现发电机组7×24小时的安全运营平台和动态健康管理系统。可以说，正是通过这些智能装置，风电机组才有了“千里眼”“顺风耳”的功效，即使相距百里，它的一举一动也尽在人们的掌握当中。

二、远程运维模式

金风科技研制开发的全新一代中速永磁平台产品，具有远程运维模式，如图2-6所示。它具有三个优势：第一，可靠性高。齿轮箱采用多级行星传动，传动比适中；传动系扭矩、弯矩解耦，齿轮箱为纯转矩工作，齿轮箱和发动机集成，无联动器，永磁发电机无滑环，可靠性更高。第二，电网友好。延续了传统永磁电机＋全功率变流的并网友好性，可以更有效地迅速反馈并调节命令值，更精确地实现有功/无功/频率/电压控制；更平滑地通过低故障电压穿越，并网特性更好，以符合全球不同地区电网的要求。第三，场景适应性强。大部件均为轻量化设计，有可分体装卸或分体吊装功能选择，装卸路线选择、场内外道路建设和吊运车辆的选择更为灵活；根据人机工程服务的安全性要求，合理优化空间尺寸，工作和维修安全、方便。

采用数字化，智能化全面升级。智慧感知基于先进感知系统和环境重构算法，实时监测极端阵风、湍流、风剪切等恶劣风况，显著降低了机组运行风险和对使用寿命的影响。智能诊断与全维度风机健康状况检测评估系统对核心部件状况的实时监控与提醒，使核心部件预警的时间可提早至少两个月，降低综合错误故障率达20%。智能协同管理基于金风智能风电场管理系统，对发电机组实施流场协同管理控制、全生命周期监控等智能协同管理，使风电场整体发电收益比例可提升 5% ～ 10%。

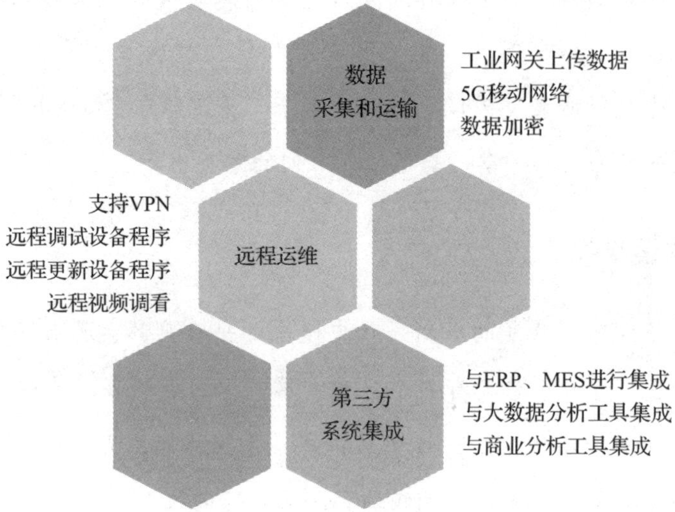

图 2-6　远程运维模式

三、启示

金风科技一直将技术创新作为发展的核心要素，注重市场拓展，强化产品特色对市场拓展的吸引力，提升自主研发水平。同时，金风科技通过与其他企业的交流合作，加强技术与管理等多层面的经验借鉴。金风科技在风电行业中加快专项技术的应用，谋求更大的市场。除了开发陆地风电资源外，金风科技积极进行海上风电资源的开发。金风科技智能海上风电管理模式系统基于海上风电场的精益交付、精益运营和维护，实现了海上风电场的降低成本和提高效率。金风科技创建了海上风能培训指导中心，是中国唯一一个完全覆盖全球风能组织八个核心模块的海上风能人才培训基地。其致力于提高所有风能从业人员的安全风险意识和实践技能，营造安全无害的海上工作环境，为行业的绿色、健康、有序更新和发展提供完整的人才培训服务，为海上风能的可持续发展培养新一代复合型人才。

（资料来源：笔者根据多方资料整理而成）

三、服务业凸显地位

生活服务业的新型业态高效、迅速发展，数字化、智能化已成为新型服务业的重要趋势。外卖、团购、闪购、网上汽车、共享办公、家庭民宿、新主题餐饮、共享旅行、轻医疗美容、密室、生鲜食品零售等新兴行业均居美团平台 2021 年的中国十大新兴产业之列，超过一半的新产业融合了线上与线下的“数字智能 + 生活服务”。

生活服务业消费互联网应用的基础在于实现终端消费者的数字化创新，并带动用户实现在线消费、在线体验和在线支付，完成在线服务和售后流程，如图 2-7 所示。

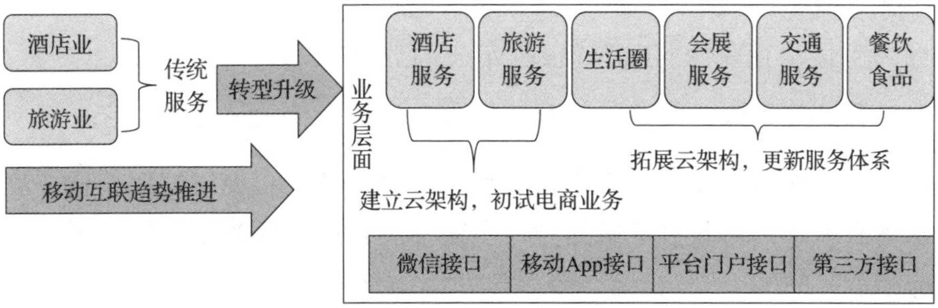

图 2-7　互联网 + 服务

第一，可以更好地保障基本社会生活服务，提高消费者的品位，重新定义智慧城市生活。在市场需求规模方面，家庭小型化模式将改变原有单一规模杂货店的购物模式，城市商业格局形式也将更加符合家庭小型化规模和多地段购买形式的变化。服务业供给侧还将利用数字化技术进行创新与改革，使公共服务领域可以创造更开放、更灵活的企业服务体系，这也将极大地改善城市布局，进一步减少顾客购物的时间成本。预订服务结合了数字和智能技术，也将极大地提升门店的服务体验。通过数字预订、智能创新和门店转型，可以改善消费者体验。然而，在新冠肺炎疫情期间，通过数字技术将服务从商店转向家庭也是一种转型方式。城市生活的服务方式也发生了很大的变化，这是对社会公共服务方式的极大提升。

第二，数字化、智能化应用将促进智慧城市建设，改善城市空间结构布局，缓解城市交通压力。服务领域的大规模推广将以 5G、物联网等基础设施为依托，充分利用智慧城市建设的理论成果，解决智慧城市建设高效实施的问题。随着数字实时配送网络的不断完善和实时配送范围的不断扩大，消费质量将得到提高，城市的空间结构布局将发生变化。

第三，促进生活服务业集聚、更新和发展，提高效率，实现供需精准对接，平衡服务资源配置方式，创造公共价值服务。“新服务”是指利用移动互联网、LBS（根据定位的业务）、物联网、大数据分析、人工智能等手段，整合并提升实体服务店的高价值供应链。它采用新型数字计算机技术，通过时间、业务时段和地点、调度的能力等，将现场服务与国内服务准确结合，全面解决当地生活产业供需不平衡的问题。

第四，将数字智能应用于服务领域，可以使服务业更好地服务和实施国家战略。许多经济不发达地区通过短视频、直播广告等新型工具，加上线下设施的完善，促进了农村旅游、农业直销等的迅速发展。同时，在新冠肺炎疫情时期，“云游”现象在数字虚拟景区不断萌芽（如故宫推出云游等）。VR/AR、AI、5G 等数字技术已深入旅游预订应用场景，实现了虚拟景区的全面游览，提升了消费者体验感。这一切都将改变旅游业的形式，更加重视旅游业在促进经济发展、稳定就业和社会和谐稳定方面的作用。

综上所述，新业态已广泛应用于农业、工业、服务业等领域，但又远远不止如此。它的出现使人们的消费观念发生了翻天覆地的变化，场景式变革多元化，带动社会经济快速发展。

第二节　新业态知多少

新业态成为当下最热门的词汇之一。无论是在我们的日常生活中，还是在高科技前沿领域，新业态已经与物联网、云计算、大数据、区块链、人工智能、5G 网络等概念成为最吸引眼球的话题。

一、新业态的起源

每发生一次工业革命，都会给社会带来巨大的转变。下面我们来了解几次工业革命的发展历程，从而进一步探索新业态的起源。

（一）第一次工业革命：机器化时代

第一次工业革命始于 18 世纪 60 年代，标志性事件是在织布厂上班的哈格利夫斯发明的“珍妮纺织机”，此后棉纺织行业又产生了螺机、水力成布机等新型机器。不久，采煤、冶金等多个工业生产领域相继出现了用机械产品代替手工制造的现象。但随着各领域机器制造产品的增多，原来的电力生产（如畜力、水力和风力）技术也早已不能满足人类的生产需求。1785年，瓦特制成的改良型蒸气机投入商业使用，它带来了更为便捷有效的动力，也使大机械得到了广泛应用并日益发达，人类步入了“蒸气时期”。大机器的制造业已开始逐渐代替手工业，也促进了工业生产与都市的繁荣。第一次工作革命催生了一大批新行业，如铁路、钢铁、机器、轮船等。

（二）第二次工业革命：电气化时代

1866年，德国西门子设计并制造了发电机，与此同时，电灯泡、电车及影片放映机先后问世，人们步入电气化时代。19世纪七八十年代，以煤和汽油为能源的内燃机陆续问世，解决了汽车交通运输的主要能源问题，使车辆、船舶和航空工业得以快速发展，也积极促进了油气开采业和石油工业的发展。19世纪70年代，发电机、电灯泡、电车、内燃机、电话和电报等的发明推动了第二次工业革命。第二次工业革命催生了一批新的生产行业，如电力能源、通信、化学工业、石油燃料和汽车等，这些新行业都实行大规模的集中生产制造，这也让生产和资本变得更加集中。

（三）第三次工业革命：信息化时代

20世纪40年代，第三次工业革命开始，其代表科技为电子计算机、核能、航天、人工合成物质、分子生物学等。对我国经济社会作用巨大的是电子计算机的开发与普遍使用，它不仅促进了产品的智能化、经营信息化、科技方法信息化及军事应用的信息化，还促进了情报信息的网络化。第三次工业革命催生了一大批新行业，如计算机、新材料、生物制药、航空航天、原子能等，现代服务业也是从这个时期开始兴起的，经济全球化和全球产业分工成为趋势。

（四）第四次工业革命：数字化时代

第四次工业革命是第三次工业革命的延续（或者更准确点说是升级），其标志性事件就是万维网的诞生。1990 年，蒂姆·伯纳斯·李首次利用移动互联网实现了超文本传输协议客户端与服务器的第一次联系，这意味着万维网的诞生。万维网让互联网开始走向了商用并成为一个产业，让人从信息化时代走向了数字化时代。第四次工业革命催生了很多新兴行业，如互联网、人工智能等。

（五）第五次工业革命：绿色革命时代

未来，第五次工业革命必然是绿色发展革命，在前四个工业革命中，由于人们都耗费了过多的资源，造成了整个自然体系的崩塌，而人类已经开始面对前所未有的生存挑战。在这场工业革命中，新生命科技和可继续的工业技术将会占据主要的领导地位。

新业态将在第四次和第五次工业革命之间萌发。可以说，新业态是对第四次革命原有组织模式、发展模式的创新、变革和升级，体现为新绿色技术、新绿色产品、新绿色的市场价值和前景的出现。

在萧桂森为清华大学职业经理人培训中心编写的教材《连锁经营理论与实践》中，商业业态的概念是有选择地使用商品经营结构、门店位置、门店规模、门店结构、定价政策措施等商业手段，投放广告的方式和售后服务根据特定消费者的具体需求和一定的战略目标而制定。

从学术上讲，新业态是指基于不同市场的产业组合、价值链内部环节的分离与整合、产业跨境整合模式、数字信息技术与互联网的嫁接而形成的新公司乃至新产业的组织结构。数字信息技术革命、工业现代化和转型及对消费服务的需求是推动新商业形式出现和经济发展的三个重要因素。

随着经济社会的不断进步，特别是近年来，数字信息技术革命、产业升级和消费者服务需求，推动商业模式、商业运营模式和各种产业经济发展模式不断分离、整合和跨界融合，不断产生新的商业模式。

二、新业态的内涵

新业态是数字信息技术发展、现代化和产业转型及人民群众日益增长的服务需求的必然产物。运用新的技术培育和推动新的商贸经济发展，推动企业、商贸和市场业态的提升与转变是一个发展趋势，给经济社会发展带来巨大动能与保障，更好地服务于人民经济生活的服务需求。以云计算、大数据分析、边缘计算、物联网、人工智能和数字孪生兄弟为代表的新数字科技，是指迭代替换和更新业务格式、促进数据融合，实现资源和服务的流动共享和价值共享，实现高质量配置、优化、增效和社会协调发展。云计算实现了数字网络数据的安全便捷访问和计算服务资源的按需共享，提高了跨部门协作能力，降低了智能数字资源管理的技术门槛。大数据完成了对海量数字信息的深层次研究与发掘，将数字信息资源转变为有意义的数字信息，在完善产品管理、减少能耗等领域创造了多种方式，通过边缘计算完成了对数字信息的本地化、智能化管理，缩短了互联网云的里程，实现了更快、更便捷的数据挖掘，提升了服务质量。下面从四个方面来进一步诠释新业态的内涵，如图 2-8 所示。

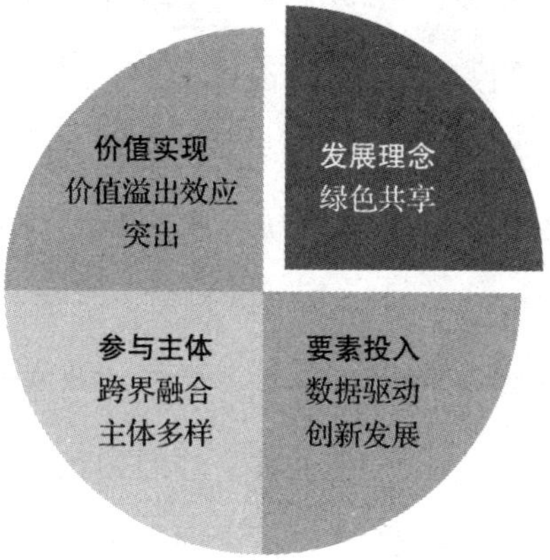

图 2-8 新业态的内涵

（一）从经济发展理念来看，绿色共享贯穿主线

数字数据驱使的新兴市场经济是指各种资源节省型、环保友好型的绿色生态市场经济。针对车辆、房屋等产业链环节较多、产品生产生命周期较长的行业，由于消息传导能力落后可能造成产业链上行业能源过剩的现象。新行业具备信息数字化程度高、智能模式性强、制造周期较短、消费门槛低等特征。边际成本不会有明显的上升趋势。即使产值不断扩大，生产成本的上升幅度也会越小，这将减少能源资源和环保约束的压力，也就不容易产生市场供过于求的现象。此外，新业态不仅有利于提高经济发展的速度，还实现了绿色清洁能源的生产。

（二）从要素投入来看，数据驱动，创新发展

随着信息网络的全面普及，计算数字技术无处不在，与工业要素的广泛连接，可以产生稳定的数据流。数据要素市场突破了对土地、资金、企业、劳动力等传统生产要素市场供求的有限制约，形成了发掘知识、产生新利益、增强创新能力的巨大推动力。数据分析的可重复性水平高、

迭代速率快、重用意义高、市场供应量无限等特性，决定了数据分析规模越大、维度越满，则数据分析的边际值就越大。智能数字穿戴设备、智慧数字家庭、智慧数字互联汽车等大数据融合功能的发展推动了工业信息产品和服务的跨越式创新和升级；将数据整合到电子商务、金融等业务中，通过数据分析进一步挖掘用户画像，形成精准销售、广告推送、信贷、个人健康管理等新的消费服务。数据流带动资金流、人才流、物质流和产品流，并将进一步突破地域、部门和技术创新的界限，全方位地提高和优化资源配置的综合效益和管理水平，以便更有效地推动国民经济与社会的不断发展。

（三）从参与主体来看，跨界融合，主体多样

就社会和经济发展而言，跨界融合是创新商业形式的最直接方式。企业通过跨国界协作，建立了利润共同体。通过引进新的经营理念、先进的技术手段和创新方式，并运用现代工具激活和优化能源资源配置，创造和改进新商业模式，逐步重塑价值链模式。在社会管理方面，地方政府更加强调对各市场主体的统筹管理和制度保障。在民生保障方面，微观经济学和短视频通过赋予公众权力创造了数万个灵活的就业岗位。

（四）从价值实现来看，价值溢出效应突出

新业态依托于数字平台与数字互联网，将迅速地完成产品技术更新、服务模式拓展与提升，促进上下游行业的共同和谐发展，达到低价值产出、高可持续性的绿色循环倍增目标。在就业机会方面，为电商、网约车、外卖、物流、人才分享、快递直播等新兴产业提供了大批就业岗位。更多的人通过社区网络平台、自媒体平台、创客平台等途径共享专业知识与技术，进行兼职创业。其结果是新企业、新服务、新技术、新模式、

新市场不断涌现，产生了广泛的溢出效应。

三、新业态产业链

产业链是工业经济学中的一个概念，产业链发展形态是指产品服务业各部分间按照特定的技术经济发展关系，或按照特定的逻辑关联和空间布置关联所构成的产业链发展形态。产业链发展研究依据各地区发展的客观差异性，并注重发挥地方产业的相对资源优势，利用地区市场力量调和区域间因专业化分工与多维需求产生的矛盾，使地方产业与服务业协同发展成为地区间沟通和联合的重要表现形式与主要载体。新业态的产业链分为传统型、消费型、中介型和服务型四种类型，如表 2-3 所示。

表 2-3　新业态产业链类型

分类视角	具体内容
传统型	由基础运营商、专业服务商、互联网内容提供商和互联网用户等主体构成
消费型	具体可分为 C2C 和 B2C 两种模式
中介型	以卖方市场为资源，向买方市场收取中介费
服务型	不同类型的新业态企业承担的业务和功能各有不同，主要承担辅助性、补充性的功能

在农业领域，农村产业链是指各种农产品业务链条的综合，是指连接了农村生产资料供给、农产品制造、农产品营销与服务的有机整合，包括生产、加工、物流、配送、销售、消费、售后等环节，通常由产品链、价值链、技术链、资本链和组织链条等构成。在工业应用领域，保持对科技的自信与自强，着重关注集成电路、重要工业硬件设施、重要应用软件、新型关键材料、短板设备和工业互联网，以提高对重要工业

应用领域、关键环节、关键性产品的生产保障能力；大力推动工业数字化与数字工业化，全面部署新型通信互联网基础设施，积极促进5G、数据中心与工业网络的有序创新应用，积极培养与发展人工智能、大数据、区块链、云计算等新兴的数字与智能业态；努力提高企业的创新升级能力，促进数字企业各类创新要素的集聚，支持数字企业率先组建创新联盟，促进产学研深度融合，促进上、中、下游产业链及大、中、小企业的融资和创新发展。

在现代服务业领域，随着现代大数据技术和数字知识经济的发展，企业运用现代新数据技术、新型服务方式及新型智慧服务手段，积极改变传统服务方式，创新现代服务，引领社会绿色消费，以有价值、高质量、数字化知识产品为基础，为社会提供生产与生活服务。现代服务业必须具备智力要素高度集中、产品价值高、安全稳定性好、资源耗费低、环境污染小的优势。现代的服务方法不仅包含了新兴服务业的方法，还包含了对传统服务业方法的改进与创新。

专栏2

酷特智能：C2M产业互联网平台

青岛酷特智能股份有限公司（以下简称酷特智能）成立于2007年，经过多年的创新发展，其在大规模个性化智能定制领域探索出了一条自主创新的发展道路，形成了独特的核心价值。酷特智能专注实践“互联网＋工业”，形成了以“大规模个性化定制”为核心的酷特智能模式，总结出了一套传统企业转型升级的解决方案，创造性地提出了以“个性化定制”模式展开的需求和满足需求的C2M商业生态，形成了酷特C2M产业互联网生态体系。通过大数据和云计算，酷特智能以服装个性化智能定制为切入点及应用场景，全面建成了链接需求和满足需求的服装C2M产业互联网平台。

一、个性化定制服装

个性化定制服装板块属于酷特智能的成熟业务。基于C2M大规模个性化的定制模式，酷特智能的服装个性化品类涵盖了男女正装、休闲装、童装、风衣、大衣、单裤、夹克、毛衫、内衣、连衣裙、鞋子、皮具等全品类。酷特智能服装板块的核心经营模式是“由订单驱动的大规模个性化定制”。即以客户需求为源点，以智能制造为支撑，借助互联网、大数据等技术手段，高质高效、低成本地满足客户的个性化需求。

在销售模式上，酷特智能提供创业平台，为国内外的创业者提供创建自有定制品牌的全套解决方案，包括研发设计、原辅材料、量体、下单、生产、物流等服装个性化定制的全部环节，客户群体主要为传统定制品牌、成衣品牌转型定制及互联网思维创业的O2O品牌创业者。在品牌运营上，酷特智能定制品牌有“红领”（RED COLLAR）、职业装品牌RCOLLAR。酷特智能的生产过程主要特征是“数据驱动”和“大规模个性化定制”。“数据驱动”体现在酷特智能利用自主研发的数十套信息化系统，将个性化定制产品生产的各个环节打通，由数据驱动完成从研发设计、制版、生产、产品匹配、物流发货等全部生产过程，将工业化和信息化进行了完美融合。“大规模个性化定制”体现在酷特智能能够以工业化的成本和效率生产出满足客户个性化需求的产品：从客户下订单开始，酷特智能可以在7个工作日内完成个性化产品的生产制造，并真正做到“一人一版、一衣一款、单量单裁、一件一流”，彻底解决了大规模、工业化与个性化的矛盾，如图2-9所示。

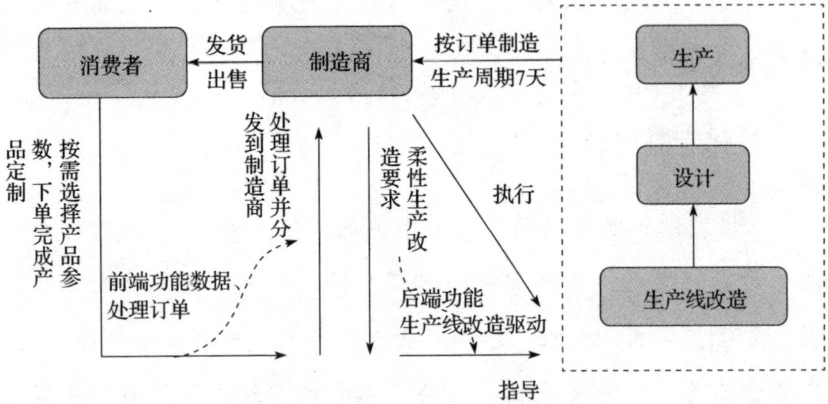

图 2-9　C2M 大规模个性化定制模式

二、C2M 产业互联网布局

酷特智能基于C2M产业互联网布局（见图2-10），利用自身在大规模个性化定制领域的实践经验，研发出了一套完整的工业升级改造解决方案，以子公司凯瑞创智为主体，对内不断升级和迭代自身服装个性化定制实验案例，对外开展与个性化定制相关的培训、咨询、软硬件产品销售及企业升级改造整体方案输出业务，帮助客户建立起以消费者需求为核心的经营模式，逐步转变为以销定产的运行机制，降低产品滞销成本和不必要的存货成本，提高盈利能力，推动其由传统制造向智能制造的转型升级。

一是管理咨询业务。凯瑞创智开设半天、全天、三天等培训学习班，分享公司转型升级经验，对客户进行智能制造和治理体系等方面的培训，同时可为客户提供调研诊断服务，并设计转型升级蓝图和解决方案。

二是升级改造业务。凯瑞创智向客户提供C2M智能制造及治理体系的软件产品，同时为其实施转型升级改造。客户可整体购买或单独购买公司自主研发的客户交互系统（OMS）、仓储管理系统（WMS）、研发设计系统（IMDS）、排程管理系统（APS）、生产执行系统（MES）、供应商

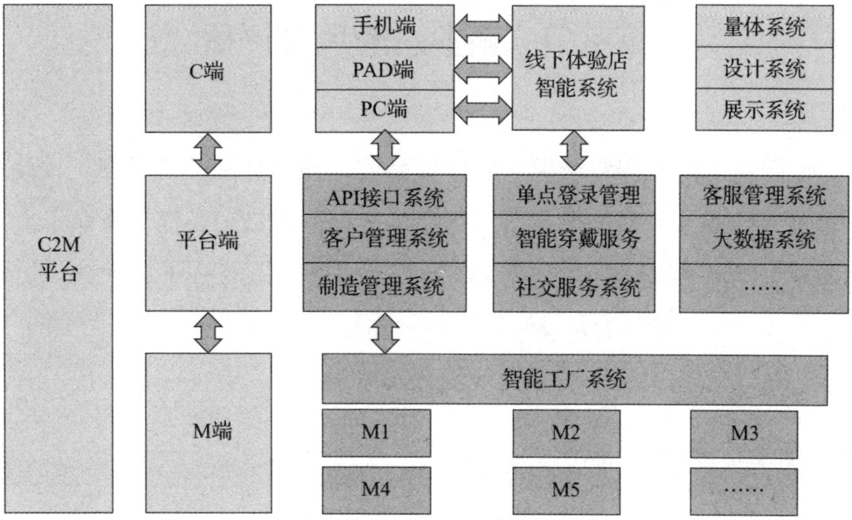

图 2-10　C2M 产业互联网布局

管理系统（SCM）、任务管理系统（TGS）、企业治理系统（COS）、安全治理系统（SMS）等软件产品，也可在公司 C2M 产业互联网平台上购买定制的 PaaS（平台即服务）和 SaaS（软件即服务）服务。

三、启示

通过对 C2M 平台生态的加速赋能，酷特智能服装产业互联网平台的品类拓展正持续向前推进。在 B 端，酷特智能将首先打造西装、衬衣产业互联网平台，再横向进行品类拓展，形成服装行业的产业互联网生态。在 C 端，酷特智能不断发展服装定制品牌，包括个性化定制品牌红领 RED COLLAR 及职业装定制品牌 RCOLLAR，一方面可以第一时间发现市场需求，推动服装产业互联网平台的完善与发展；另一方面也能为消费者提供高性价比的服装定制体验。酷特智能通过构建独特的“互联网＋工业”新模式，为传统制造业的转型提供了新路径。

（资料来源：笔者根据多方资料整理而成）

第三节　新业态的风险评估

伴随新兴产业等经济发展产业的崛起，移动交互、物联网、云计算和人工智能等新兴科技形成了世界经济发展的新动力，深刻影响了世界的经济。随着新业态的迅猛发展，进入新业态的每个企业都要增强风险意识，准确把握新经营模式带来的风险和隐患。

一、新业态的风险意识

当新业态产生行业性风险时，部分新业态企业在前期发展迅猛而在后期会集中出现一些问题。这不仅提醒企业需强化新业态的风险意识，而且也给了相关部门一个提示：在通常的管理过程中，企业一方面要有敏锐的判断，因为当企业遇到问题时，可能会预估行业普遍性的风险，这种风险是由一些新业态领域的发展模式和增长周期决定的，从而使企业能够采取有效的措施，及时发现和消除风险；另一方面要及时警示用户和消费者，加强对重点企业和关键时期的监管。企业之所以倡导对新业态的包容与审慎监管，主要在于新业态颠覆了传统观念、革新了管理方法。新业态作为新生事物，要给予其“适应期”，不能一上来就“严抓狠打”，而且新业态的健康发展对社会经济有着不容忽视的力量。为死守安全底线、预防巨大风险，政府有关主管部门应对在不同领域的新型业态中发现的普遍性风险问题进行经验总结等工作。简言之，强化风险意识的核心是：解决现有问题，警惕可能潜存的问题。目前，潜在的风险主要有以下五个。

一是政治安全风险。即一些别有用心的人利用互联网的便利传播危害国家政治安全的不良信息。我们知道，网络覆盖面广、传播速度快，所以这种非法信息对国家政治安全具有不可忽视的破坏力。

二是数据披露问题。在信息时代，经过对人类网络活动的持续观测和描述，产生了巨大的信息，也引发了我们对信息泄露与滥用的重视。因此，许多应用程序的使用被强制许可，过度索权，超越了信息的范畴，这是个人隐私泄露的最大来源。不能否认，由于模式识别信息技术的广泛应用大大提高了身份验证的有效性，但也给自身信息安全和大数据分析防护提出了巨大的问题。

三是社会稳定风险。例如，利用互联网从事“校园贷款”“日常消费贷款”等违法犯罪活动，给受害者带来了严重的人身和财产威胁；一些犯罪分子表面上经营 P2P 网络借贷平台，实际上从事非法集资活动，给集资参与者带来了巨大损失；打着“养老”的旗号非法吸收公众存款，导致部分老年人养老资金流失；一些长期经营的公寓平台采用“高入低出”的方式吸引大量客户，利用“长收短付”的时间差积累资金，导致房东和租户不断发生纠纷。

四是资金安全风险。由于网络金融机构的大量出现，再加上新科技、新经营管理模式在传统金融行业中的广泛运用，部分券商、私募基金异地运营，未经监管机关许可，违反规定从事金融服务；利用互联网非法经营股票、期货、基金等，甚至进行洗钱、网络赌博等犯罪活动也不少，如图 2-11 所示。

五是身心健康风险。据统计，个人内容约占整个网络信息传播的 70%。算法推荐技术既能有效地获得访问信息，也能牢牢地吸引用户的注意力。令人担忧的是，一些盲目追求经济利益的平台通过推荐算法来“取悦”受众，导致一些用户，特别是年轻人的身心健康受到严重影响。

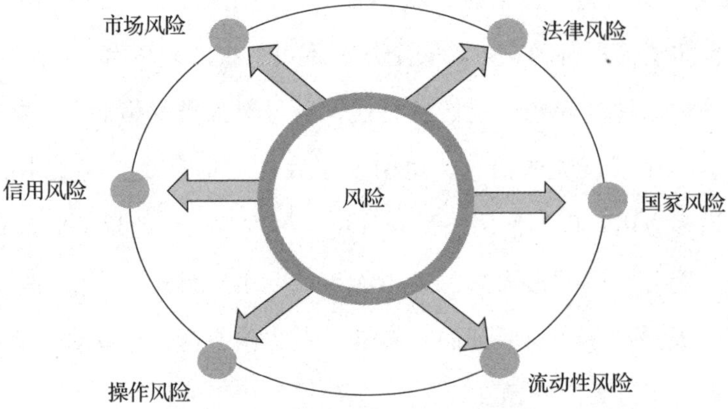

图 2-11　资金安全风险分类

以下是以共享经济为例。

第一，由于缺乏创新，产品的同质化问题很突出。大多数资源共享经济平台的技术进入门槛较低，不能建立起竞争壁垒，使平台技术在早期大规模地兴起，中后期则逐渐淘汰，并导致资源的巨大浪费，更易导致恶性竞争的出现。

第二，缺乏多元化盈利，商业模式不够清晰。例如，目前大多数单车共享平台仍处于发展阶段，依靠投资维系着经营。产业竞争混乱，企业融资压力大，易使公司运营资金发生问题，难以获得新的投资机会。

第三，法律法规尚未健全，制度环境尚不完善。共享经济相关法律法规尚未健全，即政策措施的出台跟不上经济发展的要求，如云运算、云课堂等技术在发展中存在专有立法条规不足的情况；制度环境尚不完善则是指某些政策措施不能很好地落实。这些充满生机的新兴科技与创新产业可能稍纵即逝，能否实现快速发展，还有赖于构建与之相配套的体制系统。唯有使新型的生产关系和先进的生产力交相呼应，才能聚合并形成推动经济社会增长走向新一波发展阶段的巨大动力与能量。所以，在研究投资的关键领域中，要创新机制及观察其能否代表当前经济社会增长中的新动力。

二、新业态的风险背景成因

移动网络、云计算、人工智能等新型技术正在逐渐形成世界经济增长的新动力，给全球经济社会发展带来了巨大变化。我们在新业态中看到了不同部门的隐性危机，形成这些风险的原因如下。

第一，新业态的法律规范相对滞后。为了维护国家法律法规的稳定性，有必要将其与现代互联网技术相比较。以中国 P2P 借贷网站为例，以前被看作“金融创新”。由于缺乏相关规范，在运行过程中，一些信用平台逐渐脱离了信息中介的定位，实质上变成了信用中介，呈现出财务特征，导致风险积累。

第二，监管新业务的责任不够明确。对于新的经营形式，往往不清楚由谁监管、怎么监管及如何监管；同时，尽管有相关职能部门，但由于部分推卸责任和风险，导致一些新领域长期缺乏控制，风险狂飙上升。

第三，市场主体的自我监管不到位。行业的健康发展既需要政府监管，也需要市场主体的自我监管。但在新兴产业中，一些新兴市场主体难以抵抗利诱，容易走邪路、走歪路。

第四，打击新型网络犯罪任务艰巨。与传统的违法行为相比，新兴商业领域的某些类型的违法行为往往是运用智能化手段，其隐蔽性高，是有组织犯罪集团的活动，使调查取证工作更加困难，依法打击更加困难。

三、新业态的风险管理

科学技术是把“双刃剑”。以创新科技为基础的新业态，不但对提高民众生产生活、推动经济社会发展起到了巨大作用，同时也为保障国家社会政治安全增添了新的风险与挑战。

一是坚持依法治理，努力完善监管体系。当前，政府要抓紧研究并出台相应的立法，以明晰相关者的权力权责，明晰法治边界，尤其是数据权、网络金融、无人驾驶、数字货币等新科技、新产业，确保政府在新业态领域内严格执行法规。

二是坚持包容审慎，努力构建有效的监管模式。为了落实包容性和审慎性的要求，我们不仅要积极鼓励创新，还要及时进行后续监测，防止新业态脱轨和失效。对于管理责任不明确的新业务形式，需要分别明确主管服务，以防止无人监管或多头监管等问题的发生。对于涉及多部门职能的新业态，探索建立以大部门为主、部门间协调的监管新模式，加快信息共享等工作机制，使联合监管力量不断加强。

三是坚持稳中求进，努力完善风险防控机制。坚持从发展的高度看待问题，通过适当的管理方法，合理化解决新型产业风险，切实保证经济安全底线。强化5G分析理论、虚拟现实、人工智能、人脸识别等新一代信息技术，以及直播传媒、网络借贷、共享经济等新兴技术，建立健全新型的行业风险评价制度，进一步增强企业及时发现和预警新风险的能力。高度防范私募股权基金、网络借贷平台及企业租住公寓等风险，进一步强化地方政法部门、政府金融部门与产业监管部门之间的有效沟通和联合建立健全新业态风险防控合作机制，有效提高防控新风险的能力。

四是坚持调查与稳定并重，努力提高办案效率。政法部门在处置牵涉人数多的新型业态犯罪中，必须贯彻防范和打击犯罪、减少风险、保持平稳的总体工作思路，防范二次风险。尤其是对涉及社会公共利益的经济犯罪活动，应做好赃物管理、资产回收、民众培训等普法活动，为民众降低财产损失，努力做到政策效果、法律效益与经济社会效果的有机结合。

五是坚持多元治理，努力促进行业健康发展。鼓励按照新业态分类成立行业协会，引导行业协会及时公布行业负面清单，明确行业范围，督促市场主体加强自律和诚信运行。充分运用信息技术和大数据分析，推进社区诚信管理体系的构设。强化法制宣传教育，及时曝光各种典型案例，增强公民辨别和防范新型互联网犯罪的知识与技能，推动新型产业安全发展。

专栏3

寒武纪：全球智能芯片的先行者

2021年11月3日，寒武纪发布了第三代思元370云AI芯片、两个基于思元370的MLU370-S4和MLU370-X4加速卡，以及全新升级的Cambricon Neuware软件栈。基于7nm工艺技术，思元370是寒武纪第一款采用芯片技术的人工智能芯片。它集成了390亿个晶体管，最大计算能力为256TOPS（INT8），是寒武纪第二代产品思元270的两倍。寒武纪是全球智能芯片的先驱，该公司成立于2016年，是世界上少数几个完全掌握通用智能芯片基本技术及其基本系统软件研发和制造的公司之一。它可以提供一系列智能芯片产品和基于平台的系统软件，具有云边缘端集成、软硬件协调、推理训练和集成、统一生态等功能。寒武纪产品被服务器制造商和工业公司广泛应用，为互联网、金融、交通、能源和制造业的复杂人工智能应用场景提供足够的计算能力，并促进了人工智能产业的升级。

一、思元290：寒武纪首个AI训练芯片

2021年，芯片大规模生产后，寒武纪290智能芯片和加速器板首次正式亮相。思元290智能芯片是寒武纪第一个训练芯片，它采用先进的台积电7nm工艺技术，集成460亿个晶体管，支持MLUv02扩展架构，完全支持人工智能训练、推理或混合人工智能加速活动。

与7nm工艺相结合，新架构提供了更好的性能功耗比和多MLU系统的可扩展性。MLUv02架构在整个寒武纪MLU200产品线中共享，以满足云、边缘和终端场景的计算能力需求。云训练对人工智能计算能力的要求更高，因此思元290的MLUv02架构得到了扩展，包括业界领先的MLU-Link ™多芯互联技术、高带宽HBM2内存、高速片上NOC总线和下一代PCIe 4.0接口。与寒武纪270芯片相比，290芯片的峰值计算能力增加了4倍、存储带宽增加了12倍、芯片间通信带宽增加了19倍，如图2-12所示。

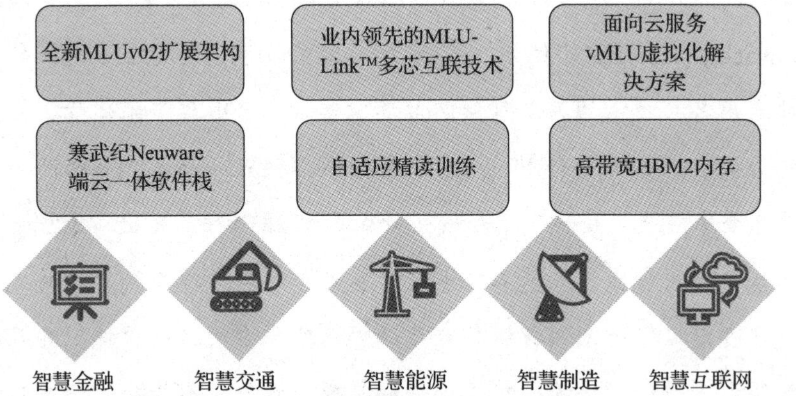

图2-12 思元290的性能与扩展能力

寒武纪为互联网、金融、交通、能源、制造等领域的复杂AI应用场景提供充裕算力，训练产品线采用自适应精度训练方案，推动人工智能赋能产业升级。

二、MLUarch03：新一代智能处理器架构

寒武纪智能处理器架构MLUarch03拥有新一代张量运算单元，内置的Supercharger模块大幅提升了各类卷积效率；采用全新的多算子硬件融合技术，在软件融合的基础上大幅减少算子执行时间；片上通信带宽是上一代MLUarch02的2倍，片上共享缓存容量最高是MLUarch02的2.75倍；推出全新MLUv03指令集，更完备、更高效。具有7nm先进制程工艺和全新架构的优势，思元370芯片算力最高可达256TOPS（INT8），是上一代产品思元270算力的2倍，如图2-13所示。

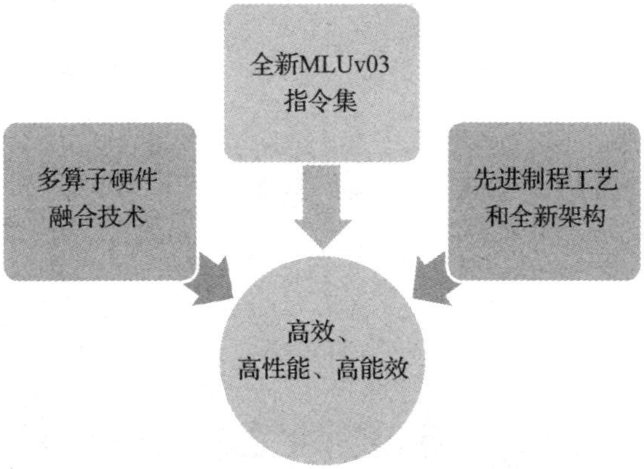

图2-13　MLUarch03处理器架构的性能

相较于峰值算力的提升，思元370在实测性能和能效方面的表现更为优秀。以ResNet-50为例，MLU370-S4加速卡（半高半长）实测性能为同尺寸主流GPU的2倍；MLU370-X4加速卡（全高全长）实测性能

与同尺寸主流GPU相当，能效则大幅领先。值得强调的是，寒武纪坚持自研智能芯片架构、指令集，是全球范围内在该技术方向上积累经验最为丰富的公司之一。

三、启示

在半导体行业实现新业态的情况下，寒武纪管理层和全体员工始终秉持“客户、质量、速度、创新、热情”的价值观，在产品研发、市场拓展、生态建设等方面都实现了稳步推进，全方位保障了公司的稳健发展。在硬件方面，寒武纪发布了基于第四代智能处理器微架构（MLUarch03）的推训一体思元370智能芯片及加速卡。在软件方面，寒武纪投入了大量的资源优化基础系统软件平台，统一的软件平台日臻完善。同时，新一代产品及智能驾驶芯片的研发也在有序进行，寒武纪“云边端车”协同发展的战略得到了全面推进。寒武纪全体员工将进一步加大市场开拓力度，深耕行业客户，加速场景落地。在云端，其始终紧跟芯片前沿技术，以点带面推动云端产品在更多标志性应用场景落地；在边缘端，其抓住人工智能技术开始进入各传统行业的战略机遇期，通过高质量的产品和优质的服务取得了突破。

（资料来源：笔者根据多方资料整理而成）

第四节　拥抱新业态，拥抱未来

在工业化和现代化的历史进程中，IT革命对工业发展产生了广泛而深远的影响。目前，在信息化发展的工业化和商业化过程中，新业态已经形成和发展。第一，通过信息技术形成的电子信息产业导致了产业形式和模式的创新。20 世纪末电子信息产业的快速发展是新格式出现的重要背景。从个人电脑到互联网、云计算、物联网和大数据，再到新兴的 5G 移动互联网，在电子信息产业发展的每个阶段都产生了大量新技术。第二，利用信息技术与第一产业、第二产业及其他服务业的结合，形成了多种新业态。尤其是工业、信息化技术与工业的研究开发、产品设计和销售服务等生产性业务环节的高度融合与发展，大大提高了这些环节的价值，增加了它们在生产价值链上的重要性。同时也促成了传统制造生产业务过程和价值链末端加工生产的分离，并迅速促进了新一轮的行业细分，从而产生了大量新的业务形态与商业模式。

一、新业态：日新月异的时代

新冠肺炎疫情对经济造成了一定影响，但企业可以在危险中寻找机会，化危险为机遇。在新冠肺炎疫情防控时期，从网络教室到虚拟会议、从智能生产到非接触式餐厅，传统产业插上了计算机化的翅膀，发展列车进入数字平台，释放被压抑的消费需求，为经济增长创造了更多的机会。

历史经验与实践已经证明，风险总是孕育着创新的机会，不断变化的形势可以开启新的篇章。对于消费群体来说，新业态意味着独特的新感受；对于企业来说，新模式开辟了一片广阔的蓝海。直播已经悄然流行起来，不但为人们提供了生活乐趣与方便，更促进了农村消费市场的发展；互联网教学也开始成为研究的热点，为在校教师提供了正常教育的新途径，同时优秀教学资源也能够向更大的领域辐射；文旅互动融合发展，既能够在线下适应游客的多样需要，又能够借助线上“云游”极大地扩展旅游空间。通过更方便的智能交互、更广泛的新旅游场景、更佳的经济发展方式，为培育经济的新增长点、激发经济新动能提供了可能。

当前，我国经济社会正处在改革经济发展方式、优化经济结构、转变增长动力的过程中。一方面，随着新一代人工智能、大数据、云计算、区块链等新技术的快速发展，新业态、新模式也在蓬勃发展。另一方面，从商品到服务、从制造到营销，行业也在加快"线上化""云化"，传统的制造模式企业和行业供应链、价值链不断重构。应该讲，无论是从无到有到创新，还是从无到有到卓越提升，变问题为高质量发展的支点，变危机为变革升级的机会，新业态创新模式都存在很大的发展潜力。

二、新业态的应用

近年来，科技日新月异，新业态遍地开花。从农产品方面来说，利用线上线下、虚拟实物有机融合等渠道，催生了共享农场、创新农场、中央餐厅、农商直供、个性订制等大批的新业态。

一是体验农业。休闲体验农场生产和经营的全新模式，有助于挖掘农村资源潜能，调整农业结构，改变农村生存环境，提高农民收入。农业进入增长期后，市场竞争逐步加剧。现在，体验农业在中国已经全面展开，产品越来越丰富，计划不断扩大，利润也越来越高。但是，我国的市场规模远未饱和，仍有较大的空间。由于越来越多的新学科的出现，体验农业的竞争也将越来越激烈。在一些兴起早、发展较快的经济发达国家和地区，迫切需要进行农业经验的转化和推广。

二是智慧农业。智慧农村农业包括将物联网技术运用到传统农产品中，利用移动渠道或电脑传感器和应用软件管理农村产品，进而将传统农产品变得更加智能化。除广义上对农业准确认识、操作和决策以外，智慧农场还涉及农产品电商、食品追溯与打假、物流配送与运输、农场休闲观光旅游、农产品信息咨询服务等。通过试点示范，智慧农业正在从萌芽走向成长，但大规模规划和商业应用还需要时间。从农业产量、商品、收益和分配的角度考虑，因为农业科技和设备成本较高、市场体系不完善、生产规模小及标准化程度较差，所以智慧农业并没有真正实现产业化。

三是农业生产性服务业。农业生产性服务业是指突破传统农村生产链，直接进行并帮助做好农村生产前、生产中、制造后等环节的社会性公共服务。目前，在发展农村生产性服务业工作领域，政府通过举办农机服务、农村科技咨询服务、土地储备、野生动植物病害的统一防治等工作，带动广大农民实行“服务外包”，为回答“谁种”“怎么种”的问题，指明了一个走向。

总之，农业众筹和农产品的私人定制才刚刚开始，这些新型活动主要服务于特定的消费群体，回报率高是新型农业活动的新趋势。

专栏 4

鹏辉能源：打造数字化采购管理企业

鹏辉能源成立于2001年，是一家20余年来一直专注于锂电池生产制造与研发的高新技术企业。其业务范围已覆盖数码消费类电池、新能源汽车动力电池、储能电池及轻型动力电池、电动工具电池等众多领域，实现了新能源产业链的完美覆盖，并率先实现了规模化生产，拥有自主知识产权，主要技术指标处于国内、国际先进水平。鹏辉能源主营产品有数码类、新能源动力类、储能类及轻型动力类。其产品广泛应用于数码3C领域、新能源汽车领域，以及电动自行车、电动工具等轻型动力领域，通信基站后备电源、风光储能及家庭储能领域，等等。鹏辉能源为客户提供了一系列完整的电池解决方案，并实现了规模化生产。

一、改变传统供应链，实现数字化转型

鹏辉能源通过科技在各行业内有丰富的项目实施案例、产品强大的可扩展性、专业的技术团队及良好的口碑，赢得了消费者的青睐。鹏辉能源与签约企业共同打造高效、敏捷的供应链平台，根据客户的需求，在供应商管理、寻源管理、物料管理、报表管理等模块进行部署并搭建统一的采购平台，与供应商进行信息共享，如图2-14所示。

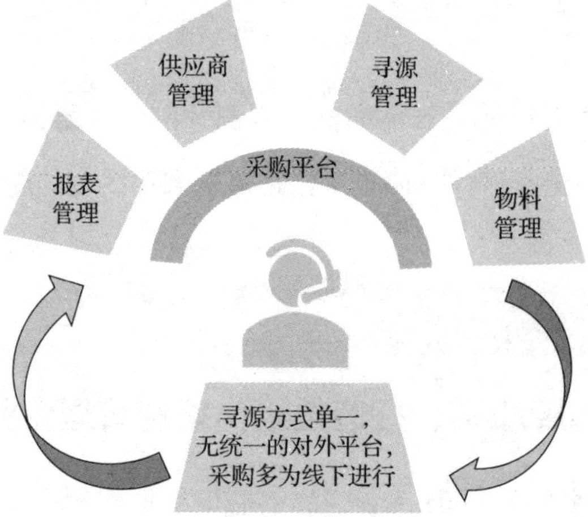

图2-14　数字化转型供应链

二、加速转型储能，打开新成长空间

鹏辉能源的储能业务涵盖储能电芯、通信基站电池标准模块、便携

式储能箱、家用储能一体机、大型储能（含电池簇、储能机柜、集装箱储能系统）等产品，应用场景丰富，如图 2-15 所示。

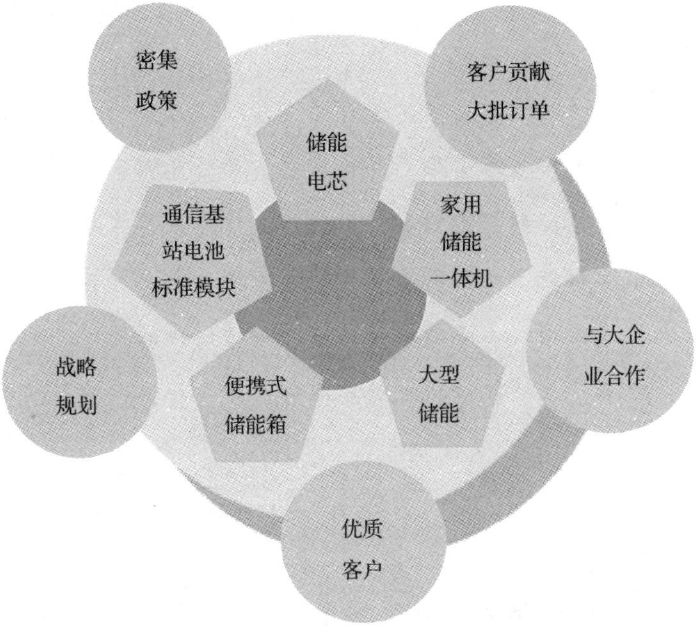

图 2-15　转型储能的发展

第一，在家庭储能方面，鹏辉能源面向 To B 端，主要供货经销商和集成商，现有客户包括 SAJ、古瑞瓦特等，在手订单充裕。在便携式储能领域，客户正浩科技贡献大批量订单。在通信储能领域，鹏辉能源拥有优质大客户中国铁塔、中国移动。在大型储能领域，鹏辉能源与南方电网、阳光电源、天合光能等积极合作。鹏辉能源与天合光能签订了 6 亿元储能电芯采购合作协议，便是公司储能业务取得进展的重要体现。

第二，储能行业空间广阔，是高成长性的赛道。鹏辉能源预计 2025 年有望保持 70% ～ 80% 的复合增长，同时国内正处于商业模式形成阶段，密集的政策落地将形成需求催化。

第三，加速转型储能。2021 年，鹏辉能源发布了“三至五年内达到营业收入100亿元”的“351”战略规划。2022年，鹏辉能源规划了5G～6GWh的储能电池产能。

三、启示

随着数字经济时代的到来，鹏辉能源必须顺应市场发展趋势，坚持市场驱动研发、秉承技术引领产品的宗旨，始终相信创新是企业发展的灵魂，高度重视产品研发能力和技术储备。作为国家火炬计划的重点高新技术企业，鹏辉能源已获得多项专利并与许多知名高校长期合作，在新产品和新技术的研发上不断取得突破。鹏辉能源的稳定发展离不开数字化转型，对其产业结构做出调整才能加强顾客黏性，为其创造价值并保持持续增长。

（资料来源：笔者根据多方资料整理而成）

三、新业态带来的改变

新业态和消费的快速发展给我们的生活带来了巨大的变化，其不仅促进了消费的不断增长，也带动了工业企业的转型：消费市场上许多新的产业正在迅速发展，传统企业正在努力寻找转型路径。

一是在线教育。可以选择和利用符合条件的社会化、市场化在线教育资源，探索和整合在一些学校教学阶段的日常课程系统中或在部分高校中先行试验。

二是互联网医疗。目前，将探索在线咨询和在线预约测试系统，以及测试结果和在线处方信息的相互认可。

三是共享生活。作为新业态的一部分，在共享旅游、外卖、团购、网上购药、共享住宿、文化旅游等领域实施了智能产品更新和商业模式创新；提高具有公共服务属性的共享产品的相关标准，如图 2-16 所示。

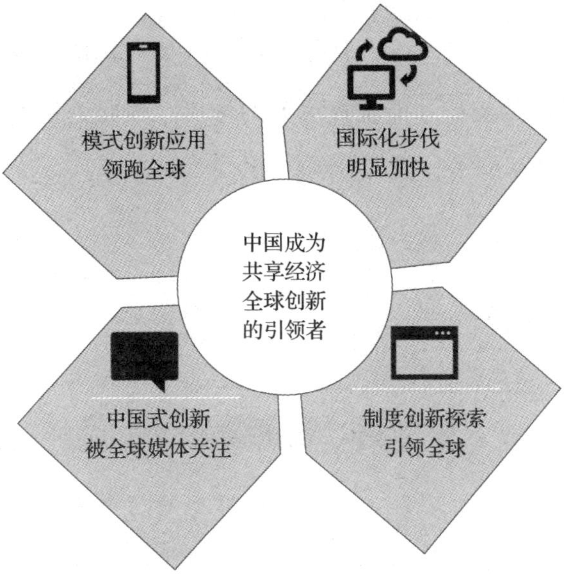

图 2-16　新业态共享经济

四是线上办公。在部分行业，实现了对线下业务模式的常态化弥补；促进了电子发票、电子公章、电子签名、电子协议、电子商务证书等数字应用基础建设的发展，如图 2-17 所示。

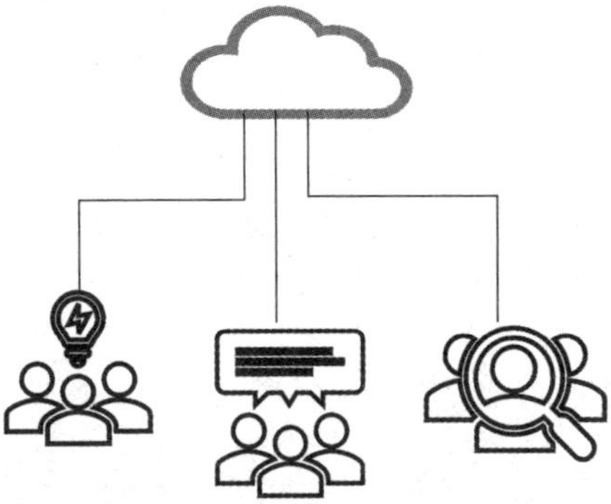

图 2-17　线上办公

五是发展生态平台化。重点扶持传统市场龙头企业，积极建设网络商贸平台；引导机构依法合理地规避投资风险，积极为平台企业提供服务。

六是新技术的开发是全球技术发展的结果。新技术需要大数据、互联网和人工智能的支持才能发挥更大的作用。因此，相关技术的发展也对新技术的发展起到了积极的推动作用。

章末案例

天虹数科：智能零售新业态

2020 年 9 月 28 日，上海市举办了第九届“中国食品健康七星奖”颁奖典礼，天虹数科商业股份有限公司（以下简称天虹数科）第六次获得“七星奖”。“七星奖”是我国食品行业最具影响力的奖项之一，其依托于中华食品科技学会和中国全国连锁企业联盟，汇聚了政府部门、新闻媒体和消费者等方面的资源，通过专业、权威和公平的评价方式，对参评企业进行严谨甄别和综合评价，推选出我国食品安全和消费者健康服务尽责的优质食品企业，为行业树立标杆。作为全国首家通过 ISO 22000 食品安全管理体系认证的零售企业，天虹数科始终坚持着“质量领先”的发展战略。

一、公司简介

天虹数科是国内外合作的连锁服务零售企业。自 1984 年创建至今，通过科学的管理，以及专业、高效的运营，天虹数科取得了辉煌的业绩，实现了跨越式的发展。天虹数科旗下设有天虹与君尚两大零售品牌。截至2013年8月底，天虹品牌已在北京、广东、福建、江西、湖南、江苏、杭州、四川等地建立了57家直营门店及以特许经营管理为主的两家分公司，君尚品牌已在深圳、东莞建立了两家直营门店。天虹数科已连续多年获得“全国连锁百佳企业”称号，是业内首批导入精益六西格玛、平衡计分卡、卓越业绩管理模式的零售公司。天虹数科在国内外开创了“百货＋超市＋X”的产业结合管理模式，在此基础上依据目标顾客的差异，以城市中心店和社区购物中心两种模式经营百货公司，打造出以“亲和、信赖、享受生活”为核心价值的品牌。多年的潜心经营让天虹数科赢得了消费者及社会各界的广泛赞誉，消费群体满意度、供应商满意度、员工敬业度始终保持在较高水平，2007年、2008年、2010年和2011年其分别获得了“深圳市市长质量奖”“全球战略执行明星组织”“中国零售业员工最喜爱的公司”“中国人才发展最佳企业”等称号。天虹数科将始终坚持“有效益扩张”和“可持续发展”的原则，立志把公司塑造成国内最顶尖的零售商企业，让广大消费群体共享商业时尚、生活之美。

二、“一店一策”模式，实现业态创新

“一店一策”模式改变了商品结构，优化迭代门店内容，提升了门店的体验价值。线下门店的提质增效进一步推进了行业结构的优化，天虹数科将重点店铺打造成城市级中心店，将有要求的街区百货店不断地向社会、家庭、生活管理中心转化；提高服务性消费的占比、丰富产品内涵、发展主题体验并形成人性化的精准智慧服务模型，从而提高消费群体的经济价值。目前，“一店一策”的实施取得了良好的效果。这些分散于不同社区中的传统百货商店，经过质量提升成为社区购物中心，提供了一个精致化、多元化、社会化的社区消费

空间。在此基础上，才能达到减少核心区进出商业客流、降低商业客流密度的效果，让商业消费活动在城市动态线上“静下来”，在社区节点上“动起来”，并以此改善居民的商业结构与居住条件，如图 2-18 所示。

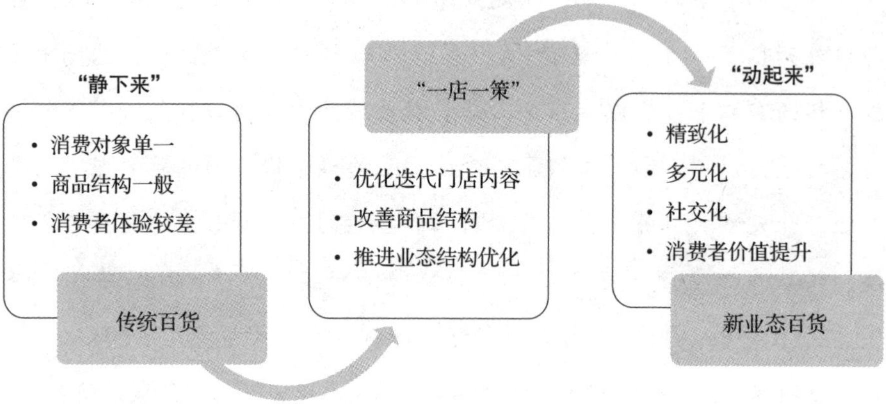

图 2-18 “一店一策”模式

三、质量管理体系一体化

企业质量监管部门对厂家、商家、仓库开展不定期检查，针对供货商的实际考核分数和企业业绩表现，形成了供货商动态分级管理和考核，对商家的诚信度、商品质量合格率、商家履行订单的时效、售后处理等综合因素进行评估，并将其纳入优胜劣汰监管系统。保留信誉度高、顾客信赖的商家及商品，持续提升顾客满意度。天虹数科平台传承了一体化的质量管理体系，从商品引进、储存、销售、售后等环节把好质量关。天虹数科每年投入大量专项检测资金，并和国家权威的第三方质检机构进行合作，对新商品及重点商品作专项抽检管控，确保商品品质，如图 2-19 所示。

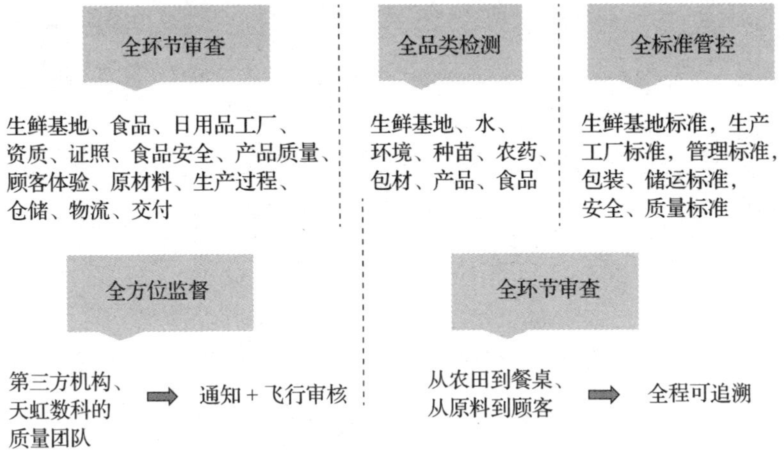

图 2-19 天虹数科的考察审核机制

四、线上线下一体化的本地化消费服务平台

随着电子商务的发展和广泛应用，传统销售公司线下分销渠道的区域限制、营销成本等问题越来越突出，线上营销渠道的货品可靠性、无法感受实物、店铺可靠性的问题凸显，线上线下业务数据分离无法统一。线上线下结合的新业态、新模式已成为经济社会发展中推进改革发展的关键突破口，应积极发展民生消费新模式，促进社会建立健康、高效的民生服务要素供应新结构。天虹数科早在 2012 年就开启了数字化转型之路，经过线上发展和业态升级，天虹数科已融合线上线下、零售与服务，逐步发展成线上线下一体化的本地化的消费服务平台，助力消费升级，提升消费体验，如图 2-20 所示。

此外，天虹数科 App 融合线上线下全渠道多场景，集行业前沿技术手段与高品质服务于一体，为用户提供全新的购物体验。作为天虹数科数字化的统领者，天虹数科 App 是天虹数科的会员中心、产品中心、

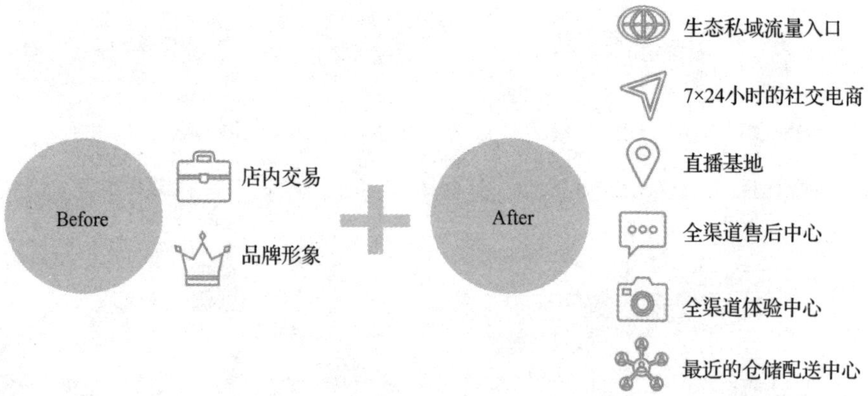

图 2-20　百货购物数字化

销售管理中心、大数据中心和流量共享中心。天虹数科 App 的主要功能已同步上线天虹数科小程序等。

五、启示

随着电子商务、移动终端和网络媒体技术的高速发展，零售业已经达到了一个新的水平。天虹数科意识到要吸引消费者，就必须开辟新的沟通渠道。但对于传统的零售企业来说，通过开辟多种营销渠道使消费者拥有更广泛的客户体验是极其重要的。

第一，注重消费者，改善消费者体验。天虹数科的目标是通过将其中心业务模式打造成一个真正意义上的消费者门户——重新定位为编辑生活主题和体验性消费市场来满足消费者需求。在改变生活主题领域，为满足顾客对购物信息的需求，天虹数科设立时装总经理和内容编辑器，让商品经过主题编辑再推送给用户，通过编辑器为用户创造价值。

第二，结构变化平滑。正确的组织结构使天虹数科的零售模式获得了成功。为了更好地实施营销战略，天虹数科大大精简了总部的组织模式。在管理层，结构调整是公司的目标。为了支持渠道整合，天虹超市组织变革的理念是将公司的行政技术部门联合起来，为业务区块和行业部门提供有力的综合支持。

第三，定位明确，管理规范，服务全面。天虹商场主要以中高端顾客为目标消费者，整合了国内中高级名牌商家，营造有质量保证的百货购物环境，并明确地把卖场的经营位置定在了引导名牌顾客、高档商家、高薪白领等目标消费群体购物上。此外，在管理方面，天虹数科实现集约化设计、规范化管理；在服务方面，人性化的服务全面满足了客户需要。

（资料来源：笔者根据多方资料整理而成）

3

第三章
数字产业生态圈的新模式

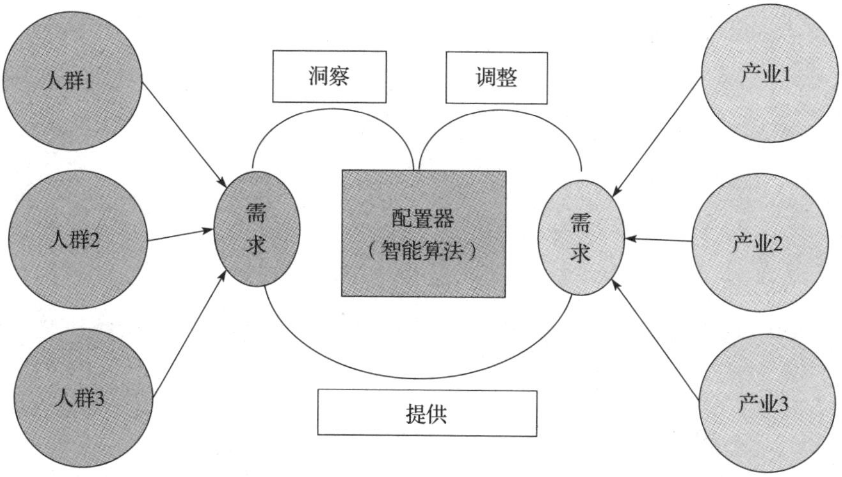

开篇小语

新模式已深深根植于数字产业蓬勃发展的丰沃土壤中，以创新数字技术应用为指导，通过数据要素核心价值的转化，朝着多元化模式、多元化产品和个性化发展的方向，新商业模式、新商业环节、重组后的产业要素全面整合衍生出了新产业组织和新价值链，是推动数字产业高效、高质量发展的动态因素，具有意想不到的强劲增长潜力。

紧抓产业数字化转型机遇，整合内外部资源，以5G新基建为引领，聚焦云计算、大数据及AI、物联网等重点创新业务，创新通信供给，积极推广新型信息化应用产品，推动新技术与经济社会各领域的深度融合。

——中国联通原董事长　王晓初

开篇案例

盒马鲜生：在数字产业背景下开启商业新模式

近年来，大数据、互联网、人工智能等优质科研技术的诞生大力推动着传统产业的全面变革，各个产业都在探寻数字化更新发展之路。当前，新零售行业正在加入数字生态热潮，将互联网、大数据及深入人心的环保理念融入公司发展模式中，其中盒马鲜生就是众多企业的典型代表。其依托于数字产业发展红利，改变了传统的运营模式，提高了效率，融合了多种潮流元素，满足了广大消费者的生活需求，因此其出众的产业模式值得我们借鉴。

一、公司简介

盒马鲜生和阿里巴巴达成合作协议，利用高效大数据为企业注入动力，辅以前沿科技建立与时俱进的新零售平台。其主要主营业务是售卖生鲜食品，同时拥有线上销售和实体经营，主打的企业特色是快速配送产品的运输物流能力，并且将商品标签电子化，客户能够通过扫描二维码进一步了解商品的相关信息。2021 年 5 月 31 日，盒马鲜生的新品孵化中心正式推出了“盒马 × 加速器”。

起初，盒马鲜生只是一家平平无奇的生鲜超市。但是，意外被阿里巴巴注意到，阿里巴巴尝试介入新零售行业，并给予盒马鲜生很大的支持。盒马鲜生的创始人侯毅把握好了这个机会，提出了超市配送方式，再加上盒马鲜生门店优越的地理位置，实现了“三公里范围内半小时送达”的新零售模式，由此打开“传统商超＋外卖＋盒马 App”的新纪元。

在短短几年内，盒马鲜生便在上海、北京、宁波等地建立了多个线下门店，拥有了一定的市场规模。根据公司的发展计划，盒马鲜生将实施“自营＋合资”的高效扩张模式，立志于在国内更多的大中城市开设门店，力求提供极致的便民服务。

二、创新“新模式”——大数据整合供应链

由于盒马鲜生的便民理念，使其拥有了大量不同年龄段、不同需求的客户。老年群体已经处于退休阶段，并且坚守着勤俭持家的传统美德，因此有时间、有精力自己做饭，对产品的品质有着高要求；中年群体是家庭的顶梁柱，也是职场的主力军，为了释放工作和家务的双重压力，会更愿意选择一些半成品菜品，既能缩减做饭时间，又能为家人提供美味佳肴，因此保证半成品的干净卫生才能更好满足中年人的需求；年轻群体大多初入社会，既没有独立生活的经验，也缺乏做饭经验，所以盒马鲜生推出了外卖服务，新鲜、健康的成品极大地满足了青年人的饮食需求。盒马鲜生能够紧跟时代步伐，利用大数据统计人们的生活需求，这样的模式创新满足了客户的喜好和需求，是企业长期发展的优势所在，如图 3-1 所示。

在供给产品模式上，盒马鲜生取得了新的突破。打破了传统的生产供应、物流配送、库房储藏的经营模式，现行的新模式是直接与产品源头供应商合作，将次日的产品预计需求量提前发送给厂家，让其提前备货，提货时保证运输过程中的冷藏条件。如果是海鲜产品，还要定期更换水源，以确保产品鲜活。盒马鲜生坚决不在保鲜层面上打马虎眼，以实打实的举措满足消费者对菜品的质量要求。这种直供模

式免除了支付给中间商的差价，降低了运输物流成本和设备维护费用等。

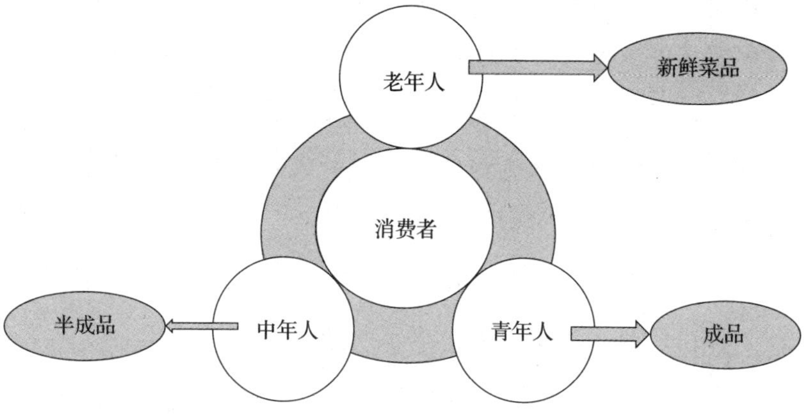

图 3-1　盒马鲜生大数据整合供应链

客户通过盒马鲜生平台确定订单之后，系统将利用大数据分析，匹配最合适的供货门店，自动提交订单，而后智能匹配给空闲的配送员。线下门店的装配人员限时于3分钟内打包好货物等待配送员领取，密切配合的工作人员加上智能系统的及时反馈，再有门店的分布优势，让盒马鲜生轻松实现30分钟内商品的配送。盒马鲜生的整个零售过程实现了数字化，让消费者从下单到拿到产品的过程高效且便捷，极大地提升了零售店的营运效率和盈利能力。

三、开启“生鲜超市＋食品餐饮”新模式

盒马鲜生现已成为“生鲜超市＋食品餐饮”的龙头企业，其全新升级的销售模式取得了良好的反响，实施不久便获得了消费者的好评，打下了坚实的群众基础，迅速在数字生态圈内站稳了脚跟。盒马鲜生主要提供海鲜和水产品，这类业务最易存在高端消费人群，其对商品的价格波动并不敏感，主要注重海鲜的品质，海鲜的新鲜度将直接影

响消费者的饮食体验，因此此业务在带来高利润的同时也需要付出一定的成本。盒马鲜生推出了30分钟物流的理念，辅以从源头供应商进货，充分保证了原料的新鲜度。盒马鲜生还推出了一站式服务，目的是给消费者提供体验式消费服务。简单来说，就是加强“线上＋线下”的联动合作，以线下门店为连接桥梁，为消费者配备前端消费区供给服务，后端仓库与配送区专门给备货的物流人员使用；同时，还有超市销售中心、餐饮美食中心、物流配送中心、随心体验中心和粉丝管理中心，以上就是盒马鲜生经典的“一店、二区、五中心”服务模式，多种环节默契配合，有条不紊地满足消费者的多种需求，形成了独特的竞争优势，如图3-2所示。

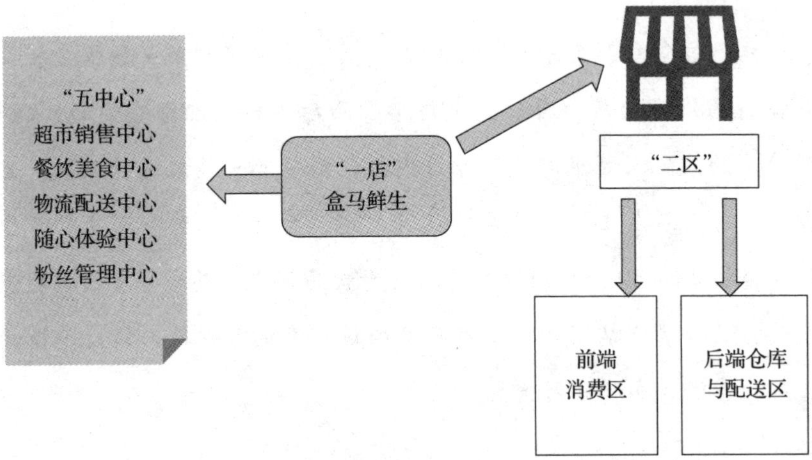

图3-2　盒马鲜生“一店、二区、五中心”

盒马鲜生最核心的竞争优势是“三公里范围内半小时送达”，该理念一推出便促进相关竞争企业一并提高了配送效率，突破了人们的传统认知。盒马鲜生早先投入大量资金开发出了“零售云系统”，利用平台收集的大数据资料，打造了专属的物流云系统，开启了“零售云”的全新纪元，让无人自动化技术辅助物流配送工作，实现了公司的价值主张，为客户提供了高品质的服务。

四、“线上＋线下”渠道，值得客户信赖

当前，盒马鲜生成功打造了“线上＋线下”的消费用户全面覆盖渠道，配备了公司独立的线上购买App，能够给客户提供消费购物、餐饮服务、食品配送等服务。盒马鲜生能够明确理解渠道通路对企业的意义，即能将公司自身的价值观传达给顾客，可以为公司引入更多成长机会，吸引更多的潜在顾客浏览线上平台，实现公司产品的推广，为线下实体专卖店带来更多流量。

盒马鲜生零售模式的明显突破在于能够给顾客提供新鲜、优惠的生鲜产品。盒马鲜生在上市前就直接从生产源头取货，货物直接由门店工作人员打包销售，减少了中间商赚取差价的成本。更关键的是，盒马鲜生的线下专卖店遍布于都市商业区，在尽量控制店面租金开销的同时，确保了门店实现周边三公里全覆盖，同时，通过后台采集信息，并自动传送给店面仓库管理系统，完善了各店铺的库存结构和分配商品体系。在物流配送业务方面，盒马鲜生所提供的30分钟内极速送货上门服务，以及24小时随时提供的售后服务，都是盒马鲜生品牌价值的主要体现方式。在终端库存产品上，盒马鲜生通过使用线上数字化方式计算产品的消耗量，对库存商品数量进行严格把控，降低因库存堆积造成的资本浪费，还能预防库存不足情况的发生。盒马鲜生真正做到了传统生鲜产品质量高、价格实惠，因此获得了大量忠实的支持者，如图3-3所示。

通过线上和线下营销，盒马鲜生提高了顾客对品牌的认可度。其利用后台收集和解构顾客信息，为顾客定制产品推荐，满足了不同人群的个性化、独特化消费需求，扩大了消费的受众人群。

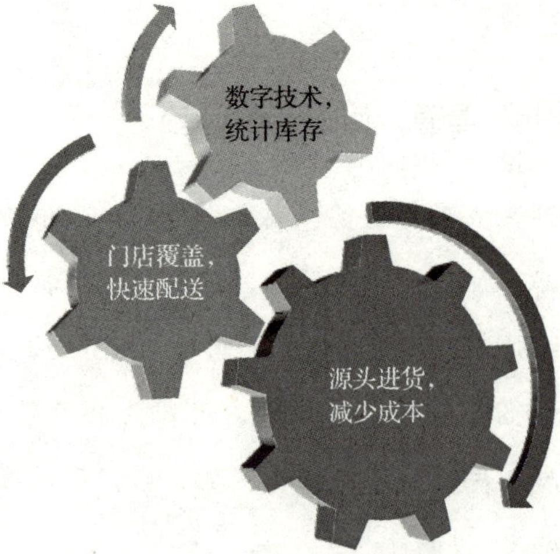

图 3-3 “线上 + 线下”渠道

五、启示

互联网、大数据、云计算等先进科技为数字生态圈注入了新活力，促使企业发现自身的不足，并利用技术红利升级传统的运营模式，带动产业相关业务的升级，开启数字化新零售时代。

第一，打破传统模式。传统的零售商业模式需要顾客到线下商超进行选购，往往会受到时间、地点的限制，加之顾客的不同需求和超市的供给不匹配，有可能导致顾客不能拥有良好的购物体验。目前，盒马鲜生率先采取新的零售模式，利用线上 App 整合大数据资源，并配置自给自足的物流运输系统，实现及时配送，为顾客提供有针对性的服务，还能解决忙碌人群的购物烦恼，让顾客在享受优质服务的同时引入更多的客源。

第二，催生配套模式。新零售产业通过配套的技术支持，从硬件到软件方面都进行了完善的升级，改变传统的单一销售模式，依靠大数据、互联网、云计算等技术辅助完善整个服务过程，让顾客体验到便捷的一站式服务，从根本上改善了人们的购物体验。与此同时，有条不紊地扩宽了产品的销售渠道，提升了企业的盈利能力。

第三，重新定义角色。在传统零售业中，零售商往往担任销售者的角色，从上游供应商那里进货，再出售给下游的消费者，赚取中间差价，这样缺乏沟通的模式会导致交易分层，供应商和消费者不能直接对接，容易导致消费者需求不能得到完全、及时的反馈，供应商也不能很好地提供具有针对性的产品。在新零售模式下，零售商转变了角色，起着连接者的作用，有效衔接了供应商和消费者，打破了分层的局面，通过大数据算法为客户提供优质产品，实现产品的准确供给。

（资料来源：笔者根据多方资料整理而成）

第一节 把握时代机遇，开创数字产业新模式

随着网络、大数据、云计算等新技术的迅速发展，不同国家的经济管理模式也在不断创新，大数字产业正在逐步成为推动国家经济发展的引擎。当前，中国的数字产业模式发展已然开启了希望之春，正从高速成长阶段大步迈进高质量发展阶段，挑战接踵而至，企业危机四伏、机遇横生，应对成长速度换档期、模式转换阵痛期、初期激励战略消化期，即“三期叠加”的复杂局面，显然很难再坚持传统的发展模式。在此情况下，我国的数字产业发展面临着供需不平衡的冲击及难以达到预期目标的压力，而由传统发展模式转为数字产业新模式似乎可以成为缓解压力的重要手段。企业应认真贯彻执行《“十四五”数字经济发展规划》，紧握数字化发展的新机遇，从数字技术建设、大数据要素、数字的产业

化和产业的数字化、数字有效治理、数字保证安全等方面持续发力，不断做强、做优、做大我国的数字产业。

一、互联网：网络普及，机遇涌现

随着时代发展，互联网为数字产业注入了鲜活的动力，把握好技术优势，专注于探索能够适应新发展的新模式，将为企业长期发展打好坚实的基础。

互联网的网络效能主要由网络覆盖规模、结构关系、流量路径和受这些因素影响的质量性能等方面综合决定。互联网的网络覆盖规模涵盖了互联网上各个层次的基础设施部署范围及接入能力规模；结构关系由网络内部和网络之间的物理连接、逻辑互联架构及地位关系组成；流量路径指网络内部对流量的承载和疏导路径，一般涉及网络内部基于网络结构和网络资源情况的流量调度，以及网络之间基于互连关系与总体架构情况的路径导向；而网络安全性能以时延、路由跳数等IP层网络安全技术为主要指标，时延指标则一般和网络物理传输距离、网络流量路径相关，同时受网络带宽能力、设备处理能力等的影响；丢包率指标主要与网络带宽能力和设备处理能力有关，和由此造成的网络拥塞程度正相关，同时受网间流量调度机制策略等的影响。

无论数字产业模式如何变换，互联网的普及注定会带来很多机遇，不断增强经济基础，提高科技创新能力，探索与时俱进的数字产业生态圈的新模式，以高水平开放促进深层次创新、推动数字产业高质量发展，坚持具有企业特色的模式创新之路是实现数字产业模式转型的必经之路。

专栏 1

拓维信息：深耕数字化，共创新模式

拓维信息是中国软件和硬件集成产品和解决方案提供商，成立于1996年，并于2008年在深圳证券交易所上市。其在湖南设立总部，在北京、上海、深圳等地设有分支机构，员工4000余人。拓维信息的业务范围覆盖政企数字化、鸿蒙生态、智能计算、手游平台，遍布31个省级行政区和海外10多个国家和地区。其专注于数字政府、智能制造、智能交通、智能教育、智能园区等重点领域和行业，服务于1500多家政企客户。拓维信息是全国数字产业规划布局的重点应用企业、互联网综合实力100强企业，是我国应用软件领域最具核心力的企业。

一、通过建立数字化技术平台，推动合同监管模式革新

拓维信息以国产化技术底座产品为基础，围绕着新时代企业合同管理的难题与痛点，搭建全面创新的拓维信息合同管理平台，集中注意力为大中型企业建设“以合同管理为主线、以风险控制为核心”的企业合同生命周期管理平台，高效为公司内部协同管理赋能，如图3-4所示。

首先，面对传统企业管理大量数据呈现分散化的问题，拓维信息合同管理平台利用标准化的集成系统、开放性的API接口，实现了传统企业管理和ERP、OA管理系统、智能生产管理系统等现代企业管理的各种数据高度配合，实现了企业大量经营信息、财务数据和访问信息等的无阻碍展现和跨系统交换，为企业管理过程实现了可视化信息支持，从而真正实现了信息驱动管理。其次，对于公司内部最关心的合规风险控制环节，拓维信息根据自己深耕于数字化业务的丰富经验，有针对性地提供了更

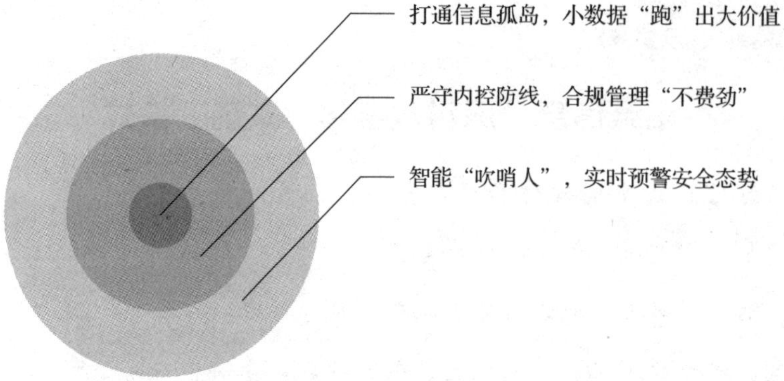

图 3-4　拓维信息合同管理平台的目标

加精确、有效的解决办法。拓维信息合同管理平台将人工智能技术和企业协同管理相结合，对传统的合同审核过程进行了全面改革，推出了合同内容智能起草、合同文本智能审核、合同登记智能填单和智能审批等重要功能，协助公司有效提升合同质量，高效管控经营风险，同时也降低了法律人员对相似条款的重复审批工作，为公司管理降本增效。再次，为助力公司逐步提高合作经营管理风险预警能力，拓维信息合同管理平台还将借助人工智慧等创新型科技成果建立的合作状态感知 IOC 平台，以及公司合作经营大数据挖掘技术，对公司合作的安全状况进行即时洞察与全面了解，并及时通报各种威胁公司的违规操作，从而辅助公司经营与管理者做出重要决定、避免潜在的经营风险，使公司协同管理工作更有效率、更省心。

二、背靠华为“软硬兼施”，在全国落地打造鲲鹏产业

历经 20 多年的发展，拓维信息取得了技术的积累和进步，给 IT 行业带来了“春天”，也为软件行业创造了突破性的增长机遇。接下来，其将继续探索最实用的应用场景。拓维信息与湖南制造工业的领头企业取得合作，基于鸿蒙系统共同深究工业互联网软件。更难得的是，拓维信

息取得了与华为合作的机遇，可以将华为先进的技术和研发能力与拓维信息的产业模式相结合，做自己擅长的事情。总之，拓维信息明确以鲲鹏产业为商业契机，借助华为的强大力量，全面推进国产软件和硬件集成应用的综合发展，如图 3-5 所示。

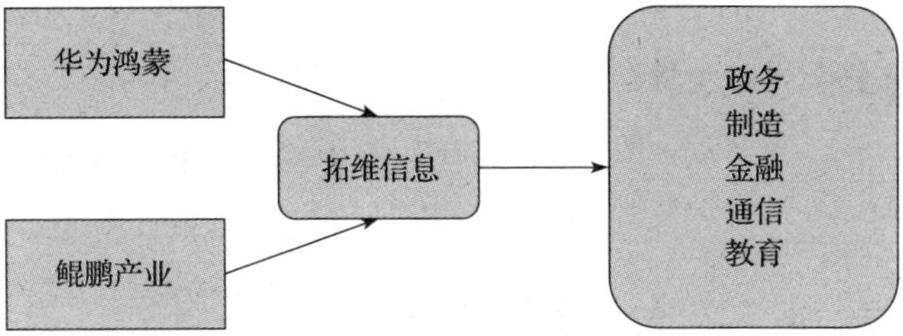

图 3-5 强强联手，合作共赢

拓维信息已与华为成功达成协议，并签署了合作备忘录，双方将共同建立一个基于鸿蒙系统的互惠共享研发实验室。拓维信息将在智慧教育、工业互联网等领域，筛选彼此的优势资源，建立强大的联合团队，打造软件和硬件集合产品和对应的有效解决方案。同时，拓维信息将与湘江昆鹏、华为共同推进“1 + 4 + n”战略的实施。简而言之，就是凭借鲲鹏、昇腾、鸿蒙、华为等公司提供的卓越的基础技术，实施全球自主技术创新策略，提出多种数字化解决方案，并根据鲲鹏硬件、一体机基础技术，在全球范围内推出解决策略。目前，其已在政务、制造、金融、通信、教育等行业推广应用，形成了高度专业化的竞争优势。

三、启示

拓维信息自创立以来一直服务于政企数字化模式升级，自始至终坚持着自主创新的原则，满足顾客需求，持续深耕企业管理信息化、数字化服务能力，先后为中国联通、中国移动、中国电信、中国铁塔、泰康保险等大型集团持续打造合同全生命周期管理平台，对合同起草、审核、签约、履行等环节提供支撑，防范企业因合同而产生的法律纠纷和风险。未来，拓维信息将持续推进科技自主创新，依托鲲鹏、昇腾 AI 等国产化技术底座及自主研发的“拓维·梧桐”PaaS 平台，打造合同管理等安全可控的全栈国产数智化软件产品，推动数字技术落地更多应用场景，赋能千行百业数字化转型升级。

（资料来源：笔者根据多方资料整理而成）

二、大数据：密不可分，创造价值

随着科技的发展，以大数据挖掘研究为核心的业务战略和以大数据分析应用为主的创新模式源源不断地诞生。部分网络企业与传统公司在人工智能、区块链、云计算技术等新应用领域上倾注了巨资，为数字行业的发展做出了更全面的布局。数据已成为数字产业发展的新动能，互联网公司的重点投资项目如图 3-6 所示。

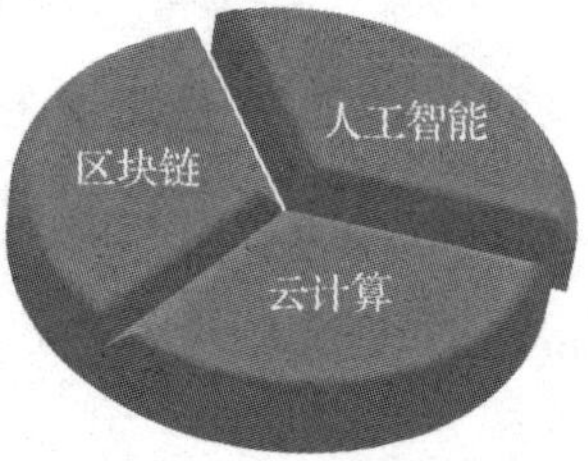

图 3-6　互联网公司的重点投资项目

（一）大数据是数字产业发展的核心资源

大数据是数字产业发展中的核心资源，和劳力、资金、土地、知识、科技等产出要素一样，大数据分析也是一个重要产出要素。同时，大数据这一生产要素也是与社会其他要素息息相关的。在数字产业时代，土地、资金和人才等生产要素都要以大数据的形态表现出来，将这些数据与传统产业深度融合，充分运用到产品分配、交易和消费等环节中，从而促进实体经济释放新的生命力。

（二）大数据让新模式不断涌现

在网络信息技术的广泛应用下，全新的商业模式和产品形式正在涌现，导致人类的生产活动在一定程度上也发生了颠覆性改变，而大数据分析正是这些颠覆性作用所形成的要素。要想壮大数字产业的规模，就必然离不开大数据的协助支撑，即大数据是数字产业发展的重要媒介，也是数字产业壮大发展的重要推动力。数字产业生态圈的新模式如表 3-1 所示。

表 3-1　数字产业生态圈的新模式

基于“互联网 +”平台的新模式	B2B、B2C、C2C、O2O、远程服务、共享经济
基于产品提供创新的新模式	制造服务化、个性化定制、设备智慧运营、知识付费、众筹模式
基于生产组织创新的新模式	共享制造、服务外包、研发众包、跨界融合、供应链服务、平台生态模式

（三）大数据要素塑造了数字化新零售

大数据要素正在改变传统的零售业，从而形成了数字化的零售市场。在传统的经营方式中，资产和资源是零售业的关键条件，然而在大数据经济时代，过去那种寄希望于通过垄断零售资源获取更高市场份额的想法已经没有继续存在的基础了，由少数企业主导零售行业的传统模式已经被彻底改变了，以消费者为核心的理念完全取代了生产者和渠道商占据主导地位的理念。在大数据产业时代，传统的商业观念已经失去了市场影响力，如今的零售企业服务链的链主既可以是普通的个人用户，也可以是以社区为单位的用户。显然，“以客户为中心”正在成为数字产业生态圈的新理念。

（四）大数据推进市场化配置改革

大数据是一个有巨大潜力的产业要素。目前，推动大数据共享、发掘大数据资源的价值、强化政府对关键数据的保障力度等手段，已成为大数据要素市场化与分配变革的主要着力点。大数据共享资源中蕴含着巨大的经济价值，为数字生产企业提供了绝佳的益处，充分开发和利用大数据资源，可以改变现有的数字产业生产方式，打造个性化、智能化、协同化的新兴业务模式。深度挖掘大数据资源，还能实现数字经济和实体经营的进一步融合，塑造出实体经营与大数据耦合驱动数字经济快速发展的新兴业务模式，将国内中小企业的核心价值提升到一个崭新的高度。

（五）大数据是数字产业发展的关键动力

在传统产业中，大数据发挥了重要功能，能够推动传统产业的数字化和智能化建设，进而推进以大数据为核心的新模式诞生。当下中国经济正处于变革期，大数据仍能发挥重要作用，有效形成适应发展的全新模式将促使数字产业朝着准确的方向发展。在大数据经济时代，不少公司选择以大数据挖掘技术为核心，以促进我国传统产业向着数字化趋势发展，这种模式将成为提高我国传统产业质量和调整经营方式的关键动力。

（六）大数据为各行各业注入活力

目前，许多行业都在试图加入数字生态圈，具体表现在服务业、工业、农业等领域，相关企业进行了大数据应用的试用，并取得了较好的效果。服务业工作人员通过大数据采集详细的客户信息，进而实现客户细分，提升自身的服务效率，取得了良好的工作绩效。国家也相继颁布了数据分析的相关条例，在工业设计、工艺管理等领域加大了数字化力度，大大提高了生产效率和产品质量。政府大力支持农业智能化，鼓励农业研究人员借助数据分析，实现对农作物成长状况的实时监控，以减轻农民的工作量，提升农作物的品质及产量。

专栏 2

华胜天成：新团队、新模式发力数字产业

北京华胜天成科技股份有限公司（以下简称华胜天成）是一家专门为大型行业客户提供技术服务的企业，专注于应用软件及中间件系统的开发与集成，是 IT 行业极具专业性服务的信息技术应用服务提供商。华胜天成于 2004 年在上海证券交易所成功上市，主营产品 Teamsun 客户服务中心 CTI 平台被评为中关村科技园区海淀园 2000 年度“百项表彰拳头产品”。华胜天成是目前 Avaya 在国内通过金牌认证的业务伙伴及独立软件开发商；华胜天成作为 SUN 公司连续四年获得“代理商较高奖”；2006 年，华胜天成在中国信息产业部中国软件收入百强中排名第 24 位。

一、“东数西算”工程的参与者和践行者

“东数西算”工程的目的是加快算力基础设施建设，全面提升国家

整体算力水平，增加对数字产业新基建产业链的投资金额。国家从顶层设计的角度统筹规划“东数西算”工程，投入研究新建算力的区位布局，根本目的是解决北、上、广、深等一线核心城市资源紧张的问题，确保IDC的供给能够充分满足下游发展中行业高速增长所激发的市场需求。“东数西算”工程将提升国家实力和助力实现“双碳”目标，并且还将带来巨大的市场机遇。“东数西算”工程的全面展开决定了数字产业未来的前进方向，将是整个数字产业飞速发展的好机遇，生产力、流动性快速增长已经成为产业模式创新的必然趋势，再加上基础设施建设不断扩大，成为数字产业发展的刚性需求，未来3～5年具有高确定性。华胜天成始终是“东数西算”工程的参与者和践行者。图3-7为关键生产力的演变。

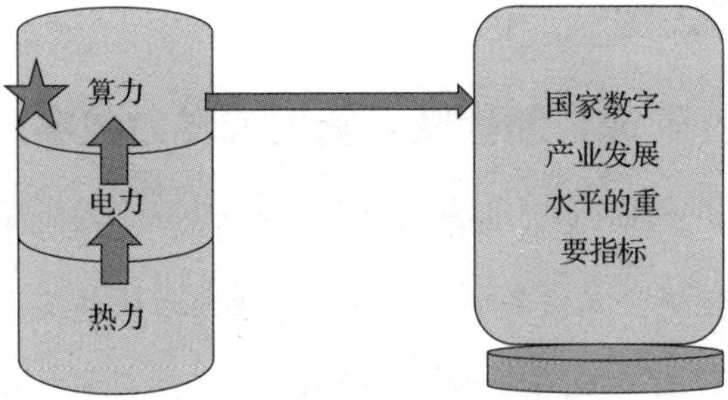

图3-7 关键生产力的演变

二、提供关键领域数字解决方案

在基本的数字市场中，华胜天成做得还不够，主要问题在于覆盖范围狭窄，甚至会出现同一个软件卖到不同的地方，盈利水平不一样的情况。针对此问题，华胜天成采取了相应措施，以提高产品市场占有率，积极参与发掘应急、公共安全设施等新型基础设施建设类数字产业项目。2021年，华胜天成打造了多个应急场景标杆案例，未来还会进一步加大投入力度，目标是成为第一细分市场。

华胜天成积累了为大型、特大型企业服务的丰富经验，能够更好地构建数字产业市场，20余年的深耕经营已成为广大客户的中坚力量，其已累计为16000家以上的国有企业，乃至遍布各行各业的用户提供具体的解决方案和专业服务。2021年10月，华胜天成倾情打造了华胜信创研究院，目的是让科研人员能够集中精力研发和实施信息技术创新、产业模式创新，培育信息技术创新人才，助力公司在信创领域创新战略的布局。同月，华胜天成旗下子公司华胜信泰发布了新版数据库，满足了金融、电信、政务、交通、农业等领域对国产数据库各种指标的要求。华胜天成专注的关键领域如图3-8所示。

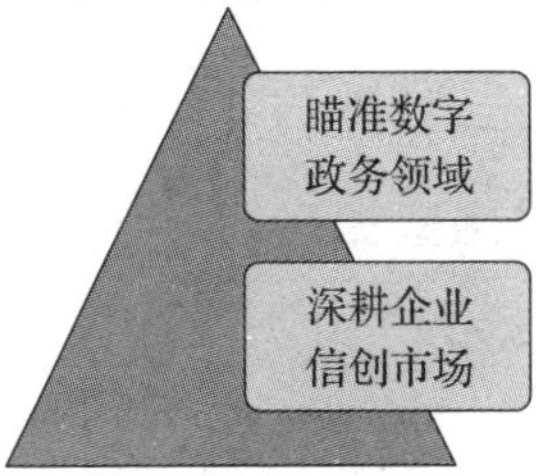

图3-8　华胜天成专注的关键领域

三、启示

基于20余年的经验，华胜天成将把重心转移至国内业务，致力于建立更贴合顾客需求的数字产业。其将过往的投资经验变为产业优势，将给企业带来很大的升值空间。因此，除了保留几家核心的子公司外，其他公司的投资会尽可能变现，以此来支持和哺育核心主营业务的继续运营，利用盈余基金进一步对数字产业的其他相关领域进行投资。华胜天成进一步聚焦主营业务，继续瞄准数字化管理领域，深度处理企业的信创市场，让投资者能够发掘华胜天成得天独厚的优势，以便支持华胜天成继续做“东数西算”工程的参与者与建设者。数字产业生态圈的“蛋糕”越做越大，相信有核心技术、专注于市场细分的公司有朝一日会脱颖而出。

（资料来源：笔者根据多方资料整理而成）

三、云计算：日益完善，为我所用

当今是数字产业的时代，云计算逐渐成为数字产业蓬勃发展的重要基础设施和战略工具。近年来，云计算已达到了更高水平，特别是在中国互联网巨头的积极参与下，我国数字产业的基础云计算能力在IaaS层面已经取得了意想不到的成绩。大量资源的分配促使计算能力快速增长，并通过云计算与互联网技术的支持，实现了资源共享、所有要素交互。互联网数据中心（IDC）预计，到2025年，我国的数据资产规模可达48.6ZB，成为全球最大的“数据圈”，将有更多满足客户消费的App上市，发达的基建设施将如同“高速公路”。当我们拥有了大量的“高速公路”时，就可以考虑跑什么样的车辆、跑多少车辆，就能够考虑什么样的超级应用可以跑在IaaS上面，如图3-9所示。

新一轮的数字浪潮已经澎湃，企业需要与时俱进，利用好云计算、大数据等新兴科技为自身业务赋能，促进企业级SaaS步入快速发展时期。

今天的SAP已然是一家能够独立提供专业“端到端”全面云解决对策的供应商，其推出的产品囊括了公司的一切业务单元，从前台的市场营销、业务方式和产业支持到后台的财务管理、费用支配和人力资源，再到源头产品制造和供应部门，都有针对性的支持策略。不仅如此，

SAP 还可以打通公司的业务价值链，进行无缝衔接，从而协助公司打通从线索到现金，从寻源到支付的全部流程，高效分配人力资源，实现业务价值。SAP 还将在国内落地云服务，构建新型生态。未来，SAP 将进一步利用全面云模式，加快为数字产业、传统产业和文化体育行业赋能，如图 3-10 所示。

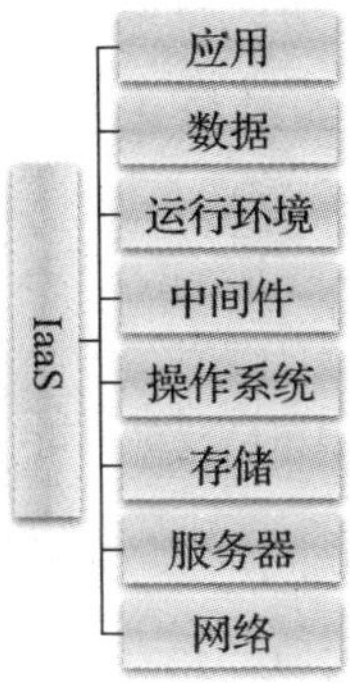

图 3-9　IaaS 结构

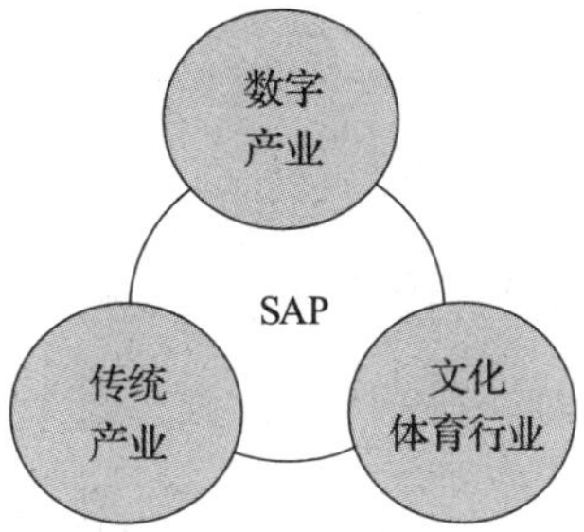

图 3-10　SAP 赋能产业

多数专业人士相信，智能企业将会作为支撑数字产业落地的关键力量，人工智能技术正在成为拉动数字生态圈发展的引擎。在过去的数年里，国内大多数遥遥领先的互联网企业、人工智能企业、科技公司已经达成共识，成为彼此的客户，更重要的是强强联合，互为合作伙伴。例如，许多主营数字产业的云计算公司试图与阿里云携手共进，推动新模式方面的创新，实现彼此互利共赢。并且同行者之间在取得合作的同时还试图与其他人工智能的企业联合创新，将人工智能技术与自身行业经营经验相融合，共同给中国的传统实体经济、数字产业赋予全新的活力。

传统产业的转型升级是促进数字产业高质量发展的关键。数字技术的飞速进步与逐步成熟给行业数字化转型提供了新的机遇。SAP 的云战略就是高效利用全云方案，帮助传统产业完成转型升级，推动数字产业蓬勃发展。

第二节　数字产业催生模式变革

根据以往的企业经验可知，新兴产业有其全新的优势，会在时代发展中逐步超越传统产业，充分发挥其优势并成为经济主导产业。目前，新兴数字产业正在通过产业融合、技术研发措施进行产业转型升级，以此催生产业新模式向中高端发展。将数字经济技术融入传统的实体经济中，转变了传递数据信息的方式及获取文化知识的途径，重新分配了传统行业的资源，使其进一步与产业需求相匹配，同时实现了价值的最大化，推动了数字生态产业新模式的普及运用。显然，运用前沿信息技术的超级应用正在进入数字经济生态圈，将帮助企业节约成本费用、扩大规模经济效应、提供精准的配置设施，大力推进传统产业转型升级。因此，数字产业加快了转型升级的速度。长期以来，业务模式与数字产业结构一直是相辅相成的两大体系，因为业务模式在不断升级的同时往往带来了产业结构的上升趋势。然而，其业务模式变动稍微落后于产业结构。依据部门转换原理，调整产业结构将导致劳动力要素的重新配置，即自由就业劳动力将从发展缓慢的传统行业分配至快速发展的新兴行业，在这过程中可能会导致摩擦性失业，对企业生存发展有着间接损失的作用。但是从长期来看，产业结构升级将导致数字生态圈内部元素的更新换代。因此，注重产业结构升级对产业模式的创新有着重要作用，不能被短期负面影响束缚了长期的发展目标，打造更适合企业发展的产业模式将会改善就业环境，引进优质人才，进而推动企业的长期平稳发展。

一、产业模式调整——平台制胜

平台经济体的惊人崛起为数字生态圈注入了鲜活动力，如苹果、谷歌、亚马逊、阿里巴巴、腾讯等数字产业龙头企业的诞生。在此背景下，数字产业逐渐蔓延至全球，基于互联网、大数据、云计算等先进技术，平台经济体作为各种资源的整合者，正在重塑整个数字生态产业链，满足客户需求的创新企业将逐步成为数字产业的“领头羊”。

当今社会依赖于数字生态圈的发展，正在构筑全方位的数字生产模式，并逐步替换传统的产业模式。资本主义平台在此浪潮中迅速崛起，加快了传统意义上的生产资料和非生产资料更新换代，一切生产活动和非生产活动彻底卷入此次数字生态替换升级的漩涡之中。因此，有必要批判性地对待此次数字产业模式变更的形式，建立适合中国特色的平台经济体，加快构建更符合人们期待的数字产业生态圈。

基于大数据等先进技术，加上平台经济体的支撑形成的经济活动单元促进了全新数字产业的诞生，如美团、饿了么等平台软件，它们本身不生产产品，却能促进买卖双方的交易，既满足了客户的生活需求，还能给商家带来更多订单，平台只从中赚取少量的差价，但因为使用人数多，平台也能获得高额收益。目前，这类数字产业的运行模式已经取得了显著成效，接下来需要警惕的是平台垄断行为，只有打造公平竞争的良好市场环境才能促进数字产业生态和谐发展，维护平台消费者和商家的合法权益，促进企业科研人才继续发掘核心业务，提升数字产业生态圈的活力。为了促进数字产业实现公平竞争，必须创新监管政策，扩大监管范围，让平台用户积极参与监管行动当中，杜绝任何企业钻法律空子。在享受平台提供的发展机会的同时，必须切实维护公平竞争的良好运营模式。为保证各方人员的合法权益，企业还应该加大力度使用更合适的发展模式，配置更优化的数据资源，研制更高效的数字技术，推动产业跨界合作，凭借多元化的算法让更多产业加入数字生态圈，享受数字经济进步带来的发展红利。

当前市面上的数字产业鱼龙混杂，提供的业务也五花八门。企业应当清楚数字产业的基本特点是“连接”，应搭建消费者与企业之间便捷交易的平台，对零售、出行、旅行、社交、求职、广告等与人们生活紧密联系的应用平台进行数字化改造。简言之，就是利用好多领域交叉融合的信息技术，以人们生活需求为市场导向，推动产业模式升级更新，实现“环节再分工，价值再分配”的目标，让产业数字化成为企业特色，调用相关数据资源，开发软件及新系统，满足市场大众的新需求。其中，阿里巴巴的企业模式为数字生态圈的其他企业提供一定的参考，在淘宝这个零售平台上，收集了买卖双方的基础信息，保障各方权益，建立标准的服务体系，利用大数据为客户提供有针对性的专业服务，基于电子商务、线上支付等模式，构筑了超大规模的和谐数字产业。

各个公司的创新技术能力、对客户和产品的熟悉程度、新技术开发实力、对各种信息网络资源的综合整理及有效经营管理水平等的差异是数字企业的主要竞争压力来源，也是区别彼此的要点。例如，苹果公司是全球智能手机技术的先行者，苹果手机应用平台吸引了许多软件企业专门为其提供 Music、TV、游戏、购物等基础的却又与众不同的软件，这就形成了苹果手机独特的竞争优势。相比之下，国内新近崛起的数字产业多是基础设备的创新，拥有真正根本模式创新的比较少，如图 3-11 所示。

面临着众多压力，企业正在寻求数字产业模式的颠覆性创新，以此加强数字产业平台发展的根基。中国从过去发展数字产业所采用的模式中总结出了一些可靠经验，依赖于云计算、大数据等技术的快速发展，全面推动了数字产业模式不断提档升级。展望未来的经济模式创新前景，

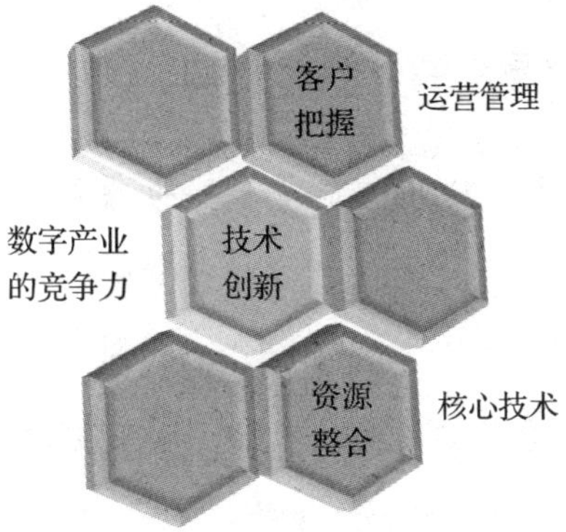

图 3-11　数字产业的竞争力

网络、人工智能、虚拟现实、区块链等新型技术的普及会创造更多数字产业发展的商机。在互联网领域，智能工业设备、无人驾驶汽车、智慧医疗、智能家电等行业巨头都在以数字技术为突破口构建自己的数字产业。

专栏 3

雄帝科技："智慧"开拓新模式

深圳市雄帝科技股份有限公司（以下简称雄帝科技）成立于 1995 年，是全球领先的身份信息管理服务商之一。为全球用户提供以身份识别技术为核心的公共服务，并且对身份信息进行智慧识别与分类管理，给不同客户提出智慧出行方案及利用大数据提供各种智能化解决方案。其技术广泛使用在公安、外事、民航、公交、地铁、银行、社保、安防等行业。总公司的地址选在深圳，其分公司遍布全国，设有多种产品修复中心，还涉猎海外领域，在美国、俄罗斯等国家都设有公司代表处，服务网络遍及全国各地及 20 多个国家和地区。

一、“智慧户政 + 智慧交通”双轮驱动

雄帝科技专注于研究身份信息管理服务智能化，为国内外的政府机构及有需要的特殊行业用户提供可靠的身份信息，满足不同维度的身份识别、便捷公共服务、智能物联网等需求。同时重新加强构建了基于智能证卡的身份识别与管理应用的软硬件一体化解决方案，广泛应用于电子政务、外事管理、智能交通、智慧银行、智慧安防及海外选举等领域，同时开拓海外市场，其电子选举管理业务也完成了从多重信息采集、智能身份识别到公平公正投票管理的整体解决方案构建，如图 3-12 所示。

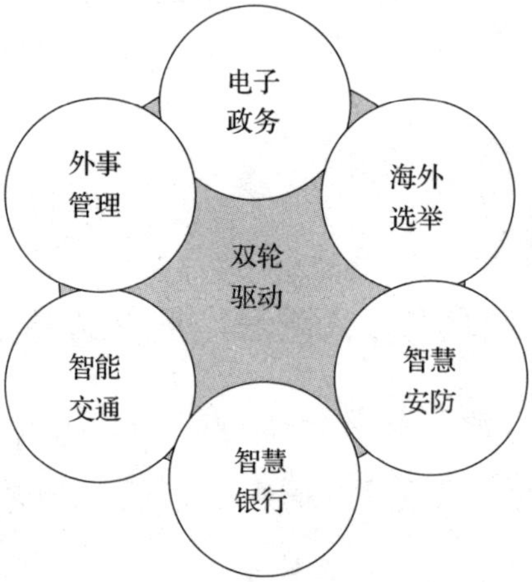

图 3-12 “智慧户政 + 智慧交通”双轮驱动

雄帝科技在身份特征识别、提供可靠认证及网络身份认证管理等多个技术领域内颇有建树，涵盖国内外在技术、产品及客户资源等多方面能够为公司提供协同价值的企业，努力寻求合并机会，以此来扩大上市公司的业务规模，提高软硬件一体化技术的研发能力及产品的综合竞争力，完成了身份信息的综合管理，研发了多种产品并实现了产业链的延

伸。雄帝科技收购了蓝泰源信息技术股份有限公司的部分股票，对智慧交通业务实行强力加码，扩大了公司未来的可持续发展空间，为实现公司数字产业发展目标注入了源源不断的动力。

二、“智慧政务＋智慧公安”打开安全、便民服务的市场空间

以解决智慧服务大厅问题的详细方案为例，当前面对众多客户，为了缓解服务大厅工作人员的压力，提高为百姓办事的效率，现已开通了智慧服务大厅业务，具体涵盖了全国各地户政、交管、社保、金融等政府工作领域。为了加速建立“一平台＋一窗口”的新型窗口服务管理模式，雄帝科技推出了整合网络六个服务管理系统，在线下构建了五个功能区，全力打造服务大厅智慧受理模式，让当场受理业务浓缩为四个步骤，控制在五分钟内完成，切实保证了百姓办证“只跑一次”的需求，一切努力都是为了创造真正高效、便捷、利民的服务，如图3-13所示。

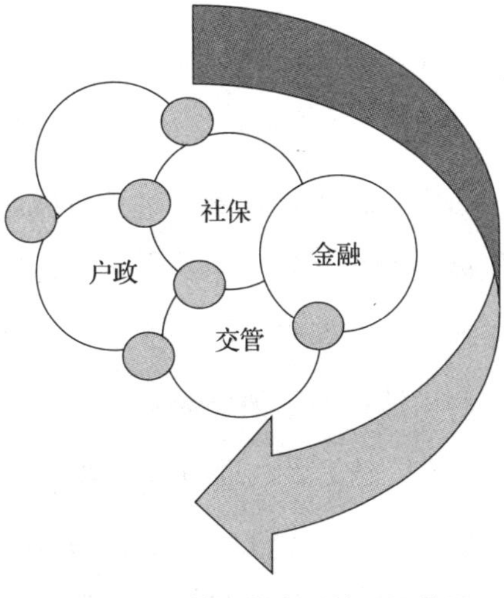

图3-13　智慧服务大厅的适用范围

三、启示

随着数字产业快速发展，雄帝科技紧随时代脚步，在专注主营业务的同时，努力开拓新的模式，如“智慧户政+智慧交通”“智慧政务+智慧公安”，建立有保障的、便捷利民的服务数字产业。雄帝科技以高度可靠的身份技术为核心，在物理防伪、量子密钥、数字安全、生物识别、射频识别、人工智能等先进领域不断改进，只为了提供完整的数字产业系统和智能软件应用开发服务，最重要的是掌握自主研发的制造安全证卡的设备、便捷自助服务设备、身份信息精准采集与核验终端、智能交通服务终端、移动支付终端等产品的能力，具备完善的端到端的综合服务能力。

（资料来源：笔者根据多方资料整理而成）

二、产业路径升级——数据驱动

与传统农耕经济时代以劳动力和土地、现代工业经济时代以资本和科技为重要产出要素相似，在数字产业时代，大数据已成为全新的要素。近年来，由于网络信息技术正在以出乎意料的速度迅速普及，于是产生了网络技术与实体经营相互融合的数字业务，就连小型企业都离不开大数据的支持。显然，大数据确实给企业带来了极大的发展机遇，通过大数据计算、充分利用数据的价值发展数字产业，实现了数据的流动与共享，推动着传统模式跨越边界，迈向崭新的数字产业新模式。

据各类研究报道显示，数字产业模式正在实现创新发展。数字业务对实用型产业的技术创新驱动作用明显，比对发明类产业的驱动作用效果更显著。知识流动在数字产业领域具有独特的桥梁作用，能够连接多种创新类型。尽管对不同创新类型的中介效应存在一定的差别，但最终都能产生突出效果。数字产品的技术创新效果通常会因地域差异而产生明显的区别，如在经济发达的大城市的数字产业创新效果就明显优于经济水平滞后的小城市；信息资源在同等级城市的流动速率也比跨等级城市更快，数字产业能利用知识流动的连接作用，推动城市“强强合作”创新战略的实施，为我国数字产业模式的有效实施、创新驱动发展战略和数字化建设提供必不可少的支持环节。

城市人口密集，对其进行社会管理需要投入大量人力、物力，自从有了大数据技术后，给城市管理释放了不少压力，如在建设“数据驱动力”方面，地方政府有着独特的优势，可以引导或出资打造基础的大数据平台，大力带动基础型数字产业打好根基并推进技术型数字产业的发展。大数据平台一旦完成搭建，不断输入大数据信息，将能够给融合型数字产业和服务型数字产业的发展提供巨大的空间。数字产业对经济发展的影响日益彰显，既可以为经济增长提供巨大的动能，还能够为平衡发展提供卓越的方案。未来，我国将不断提高数字产业在经济中的占比，加强数字产业与共同富裕的联系。具体措施可以从供给侧结构性改革入手，从“做大蛋糕”到“分好蛋糕”两个路径展开详细阐述，深度剖析发展数字产业将对中国实现共同富裕政策的影响。依赖产业模式创新升级、增加资金投入、优化生产要素供应等途径推动社会生产力的提高，解决城乡收入的差距，减少失业问题，利用好数字产业带来的经济效益解决发展不均衡、不完善的难题，实现共同富裕的目标，如图 3-14 所示。

自 2018 年起，国家发展和改革委组织开展“互联网 +”数字制造业，同时致力于开展人工智能等重大试点工程建设，其中大数据分析应用创新工程建设是个关键，涉及范围将包括医药、交通运输、教育、

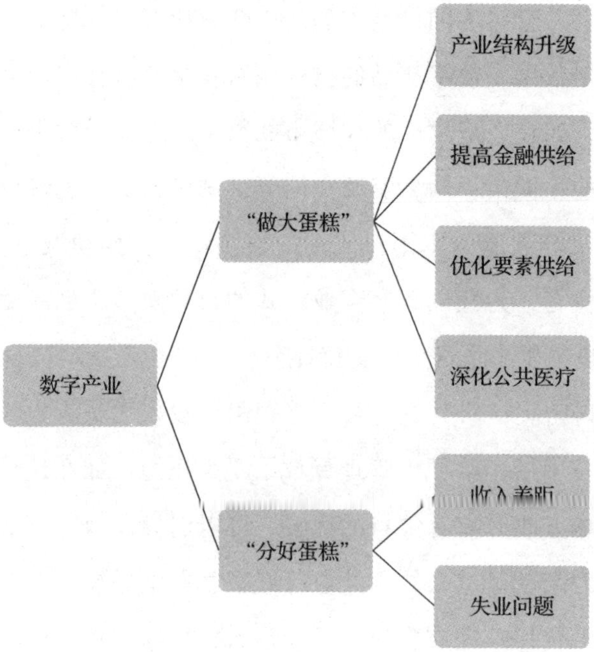

图 3-14　数字产业的作用机理

金融服务、物流、环保和空间信息技术应用等领域，并引导地区政府大力开展大数据收集分类与精细化管理，依赖全国各个区域统一的大数据共享与交互网络平台，全力开展跨部门、跨地域的大数据分析技术联合运用与协同创新。政府下达政策，为地方构建"数据驱动"平台提供了保障和大力支持。

贵州省的情况正是成功个案之一，信息化战略促进了贵州省的转型跨越。贵州省打造了中国第一个国家大数据综合实验区，重点围绕大数据资源的分类管理和整合管理，进行信息公开获取、大数据中心集成管理、信息数据的高效使用、信息要素融会与贯通等，对实现信息行业整合、全球协同、制度创新发展等业务领域进行了一整套系统完善的试点。由于贵州省一直坚持以服务社会为核心，着力于治理政府服务、推动司法全面完善机制、加强维护民生等工作，因此也涌现出了大数据铁笼、智能法庭、社会云、云上贵州 App 等一些大数据分析的代表企业。

无独有偶，福建也建设了数字福建工业园，进而推动工业升级。根本方案就是将数字福建省云计算中心作为入驻的启动项目，着重建设了物联网、虚拟化、互联网、电商、移动互联网、地理信息服务六个主要行业。数字福建省云计算中心已经完成了首期目标，实现对多达 600 余项服务的集成迁移。在业务云领域，我国东南卫生医院大数据中心、国家国土资源大信息应用中心等应用试点项目相继入驻。

第三节　数字生态圈下三大产业的新模式

随着数字技术的加速迭代和国家战略措施的升级，数字产业进入了一个新阶段，面临着新的机遇和挑战。目前，信息化、网络化、数字化和智能化相互交织、相互演变，互联网、物联网、数字化和智联化的迭代发展正在加速进入新的数字时代，拥有属性是“万物相连、无所不在的智能”。在新型数字信息技术的支撑与带动下，工业数字化过程就是以数据管理为核心、以资源发现和利用为导向、以数字化授权管理为主线，对工业产业链的各上游及下游要素实现数字化提升、转移与再造的过程。

一是智慧农村应用水平的提升。物联网、人工智能、5G 等新信息技术促进了与传统农业产品的深度融合。通过无人拖拉机、无人水稻抛秧机、“5G+ 智能温室”等农业智慧装置，提高了农民在生产与养殖过程中的精准认知与智慧决策，促进了农产品生产向信息化、标准化、智能化发展。

二是数字技术与工业的加速融合。截至目前，作为生产重点环节的数控化率，数字开发与产品设计技术的使用、普及率均维持在 50% 以上，制造业领域的数字化转型准备工作水平也在持续提升。而电子设备制造、服装制造等部分重要的领域也在持续地推陈出新，通过运用数字信息技术形成协同开发制造、远程设备管理、柔性产品制造、无人机巡检等“5G+ 工业互联网”的数字化应用情景，以推动制造业生产，使互联网数字化持续转变。

三是数字服务市场加快发展步伐。目前，由于数字化的迅速发展，中国线上旅游订票用户一直处在不断增长中。此外，在线上办公应用、线上教学应用和线上医疗服务应用等领域的用户占比较大。餐饮、旅行、办公、文教、医药等传统业务的市场因素实现了线上线下数字化融合发展，进而带动了服务型行业的蓬勃发展。同时，数字化发展也给现代服务业的高水平、高质量发展带来了全新的机会，大大提高了其服务效能与服务水平。例如，智能供应链管理系统不断地改进中小企业的基础经营模型，大数据分析和人工智能支持对中小企业实行了互联网数字化驱动管理，大数据分析平台指导中小企业完善了经营规律与战略等。图 3-15 为三大产业融合发展的逻辑关系。

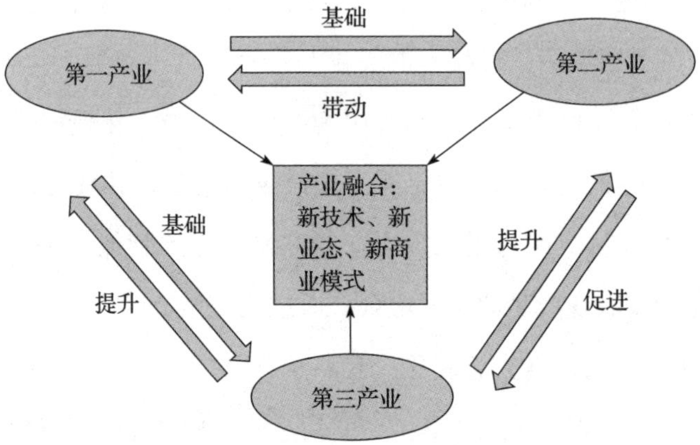

图 3-15　三大产业融合发展的逻辑关系

一、“数字种田”让农活更轻松

当前，我国正处在工业信息化与农业和农村现代化的历史交汇点，而农业产业数字化转型无疑是中国农业农村现代化的战略方向和重点内容。因此，我国的经济政策明确提出要优先发展农业和乡村，从全方位促进农业经济现代化建设；推动传统农业向数字化转型，以数据赋权技术促进整个产业链协同转型；加快发展智慧农业，促进农业生产经营和管理服务数字化转型。

传统农业数字化，即运用现代数字信息技术提升生产效益，以改变传统农业企业的转型过程；或借助数字技术，让农业信息大数据成为企业对生产进行赋能的要素，从而释放潜在的产业价值，完成农业产业链上各要素的数字化提升、转化与再造。农业产业数字化是指农业产业的生产、管理与服务过程的数字化转型与发展。换句话说，农业产业数字化不仅包括农业产业的数字化，还包括整个农业产业链的数字化转型和发展。

农业是关乎国民生活的核心行业。由于科技的进步，农业数字化转型已成为世界农业现代化发展的重要途径，促进了农业领域数字科技活力的全面释放，对提升农业产出效益、稳定农民收入、推动农村发展有着重大意义。数字农业是以信息为主要农业生产要素的现代农业，它借助现代信息技术，对农业对象、环境及整个过程进行可视化、数字化设计与信息化管理。在数字业中实现现代信息技术与农产品生产各个环节的高效集成，对于中国传统农产品与农业生产方式的变革有重大意义。从商业模式来看，数字农业有以下六种模式。

一是现代农业智慧园。以重塑中国传统农业为主要目标，以农业信息化为核心内容，大力推进物联网技术在农业产业中的运用，全面推动“互联网＋”技术与传统农业生产经营管理业务的融合。发展新型服务业将是农村经济的新动力，不但能够推动农产品品质与经济效益的提升，同时也能提高农民收入。

二是区块链农业。区块链是指一个按时间序列构成各种数据信息区块的链式数据信息架构。区块链农业是指通过把区块链技术带入农业应用领域，进而促进农业生产与管理。

三是植物保护无人驾驶空中飞行器。顾名思义，这是一款应用于农业、森林管理和植物保护等领域的无人机设备。无人机设备一般由三个部分构成：航空平台（稳定翼、直升机、多轴飞机）、地面导航飞行控制系统和发射机构。既可利用地面遥控或导航飞行控制完成喷射任务，也可以喷射化学药剂、种子、淀粉和其他物质。

四是农业气象站。农业气象站是一个自动监测和储存农业气象观测数据的装置。它的主要作用是实时检测风速、气温、湿度、压力、草温、土地含水率等气象要素。目前，农用自动气象站的品种有很多，但在构造上基本相同，大多由感应器、采集器、系统电源、通信接口及外围元件等构成。

五是数字农业贷款。2016年，京东金融率先发布了"数字农业贷款"，其拥有三个特点：通过农民经营的量化模式和农户的企业经营信息，提供农户贷款、无担保信用和无担保贷款；利用生产定量模式，把贷款精确地投放到生产环节中，保证贷款没有发生闲置和浪费；加强了对农户的风险管理，保障了农业经营管理信息化、自动化的进行。在数字农业贷款体系下，很多缺乏资金来开展规模化农业的村民都采用订单农业的形式进行了规范化发展。

六是精准农业。精准农业是明尼苏达大学土壤学者在20世纪90年代提出的环保农业的总称。精确农业是指依据田间或各作业单位的环境要求和作物生产的时间差异，精确地调节各项农事设施。

二、用数字化为工业高质量发展赋能

工业基础是中国实体经济的重要基石，也是中国经济高质量发展的重中之重。应对数字经济时代的挑战，借助数字信息技术发展更先进、具有竞争性的先进工业已成为全世界的战略共识。数字经济时代具有高创新性、强渗透性、广覆盖性的特点，不仅是新的经济增长点，而且还是中国传统产业转型升级的关键支点，发展数字技术和数字经济是构建现代化经济体系的重要引擎。数字技术和数字经济可以促进各种资源要素的快速流动，加速各种市场主体的整合，促进工业生产模式、组织模式和服务模式的系统化改革，对提高工业的生产效率和供应质量具有重要意义。

目前，我国工业正处在企业价值链向高端转型、增强核心竞争力的重要时期。推进工业数字化发展，利用先进信息技术赋能，现代化工业一方面可以推动工业品质、效益和动能的转变，另一方面也可以降低成本、提高效率、稳定工业比重。要平衡工业的比重，不能片面地追求工业规模的扩大。其关键在于改善工业的生产效益与品质，而推进工业的数字化无疑是一个很重要的手段。数字信息技术的应用可以减少整个产业链的组织成本，从而提升社会资源配置效能与制造业的效益。

与此同时，数字化技术一方面推动着传统工业领域向服务端的拓展，形成了全新的工业服务形态，并产生了全新的盈利模式，进而升级了整个工业价值链。另一方面也有利于企业提高产品质量，推动全产业链的健康发展。目前，传统工业的成本优势日渐削弱，而规模化、完整的工业体系的优越性无法取代。运用数字信息技术全方位、全视角、全环节地改善中国工业，提升研究设计、产品加工、企业运维管理等工业产业链各环节的数字化管理水平，壮大企业规模，进一步拓展和深化工业产业链，有利于提升工业信息供给系统的服务品质，从而形成中国工业全新的竞争优势。

专栏 4

杰赛科技：助力制造业数字化转型

广州杰赛科技股份有限公司（以下简称杰赛科技）是一家以国有控股股份制上市的高科技企业，注册资本 5.7 亿元。杰赛科技致力于成为中国领先的通信技术和网络解决方案提供商，主要从事移动通信网络规划设计、面向行业的专用网络通信和网络电子系统工程监理服务、印刷电路板和设备制造。杰赛科技在电子 / 通信工程设计、勘察、咨询、承包、智能化、信息系统集成等领域拥有国家一级资质证书，具有丰富的服务经验和综合实力，以及“全过程、跨网络、多技术”的核心优势。杰赛科技将坚持高质量发展目标，聚焦优势主营业务，集中资源拓展新市场、开发新客户，打造多领域核心竞争力，提升行业地位。

一、坚持业务视角，聚焦车间生产的本质需求

打造 5G 端到端场景化解决方案。杰赛科技始终坚持以客户为中心，从业务视角切入去直面核心问题，加速赋能垂直行业数字化转型。杰赛科技通过梳理 PCB 工厂的 11 个数字化演进需求，发现生产车间是工厂数字化的核心地带，其中质量、效率和成本又是永恒的现实问题。杰赛科技选取 5G+ 设备预测维护、5G+ 能耗管理、5G+AI 工业视觉三大场景作为健康产线、“双碳”工厂、合规生产的数字化创新试点，如图 3-16 所示。

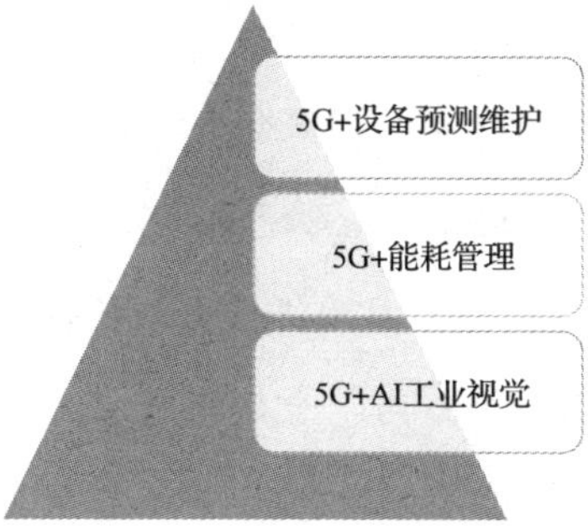

图 3-16 杰赛科技数字化创新试点三大场景

一是 5G+ 设备预测维护。通过电机、设备级故障预测，结合数字巡检、AR 交互检修，实现产线事前可预测、事中细维护、疑难共修复，保障产线健康运转。

二是 5G+ 能耗管理。对车间多样异构的表计设备进行数字化、网络化改造、统一接入 5G 融合专网，实现工厂、车间、设备三级能耗实时监测、碳排双控，赋能工厂绿色运行。

三是 5G+AI 工业视觉。通过合理部署智能视觉设备，为工厂、车间植入违规识别小脑，对违规行为可及时发现、处置，降低违规风险，推进高质量生产。

二、做数字时代 ICT 融合服务的领导者

在 5G 小基站领域的发展规划中，杰赛科技提出了“3+1+N”市场推进策略。

“3”是指 3 类市场，即 5G 公网公用市场、5G 公网专用市场和未来 5G 专网专用市场。核心聚焦 5G 公网专用市场，通过提供优质 5G 产品支撑运营商，共同为行业客户服务。

“1”是指 1 个行业终端市场。杰赛科技深耕于多个垂直行业，涉及水务、燃气、轨道交通、应急等行业方向，可为行业客户提供丰富多样

的终端类产品和解决方案。

“N”是指N个应用组件市场，联合运营商基于5G边缘云推出5G+智能调度、5G+能耗监测、5G+AI工业视觉、5G+设备预测维护等一系列场景化应用组件和解决方案，为用户端提供灵活多样的应用部署方式。

杰赛科技将依托多年的公网、专网通信技术积累和重点行业的深耕基础，在5G新蓝海中做国产化的推动者、定制化的领导者和新商业的践行者，勇于探索创新，打造既懂行业又懂5G的核心能力体系，致力于成为数字时代ICT融合服务领导者。“3+1+N”市场推进策略如图3-17所示。

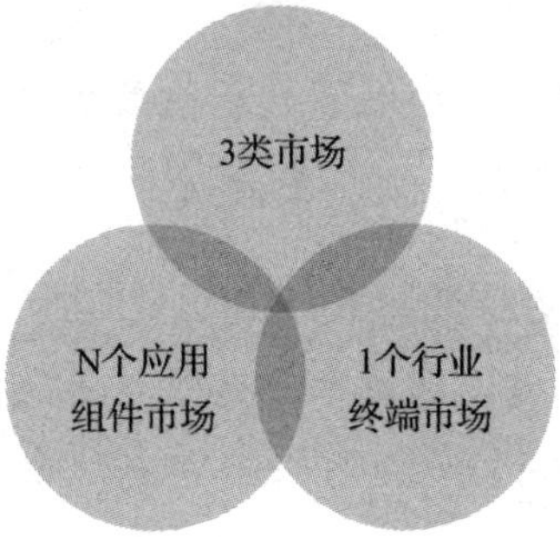

图3-17 “3+1+N”市场推进策略

三、启示

杰赛科技坚持5G融入策略，理性、务实地推进其落地。强化需求导向，拓展深化解决问题是杰赛科技一贯的坚持。在实施过程中，杰赛科技更关注5G如何真正地融入行业中去。杰赛科技将继续发挥懂行业、懂网络、懂需求的优势，打造“1+1+N+X”数字化赋能体系，争做数字时代ICT融合服务的领导者，与运营商、全行业和产业界一起为5G扬帆远航做出更多贡献。

（资料来源：笔者根据多方资料整理而成）

三、数字经济与服务型企业的机构创新

伴随着中国互联网、虚拟现实、新一代人工智能和区块链等新技术基础设施的不断夯实，用户对服务市场的需求正朝着高效、便捷、准确和个性化的方向发展。将数字技术应用于服务业、创新商业模式、提高商业效率变得越来越迫切。在政策、技术和需求的推动下，服务业加快了营销、客户获取和风险控制的步伐。

专栏 5

招商银行金融数字化生态圈

1987 年，招商银行股份有限公司（以下简称招商银行）在深圳蛇口正式成立。目前，其已成为在上海证券交易所和香港证券交易所上市的银行集团，拥有商业银行、融资租赁、基金管理、人寿保险、海外投资银行等金融牌照。在成立初期，招商银行就牢记"为中国真正的商业银行做贡献"的使命，始终坚持以市场、客户、技术为导向，以自身的转型发展促进社会经济的可持续发展；推出全国存取款"一卡通"，引领行业走出存折时代；率先实施 AUM（管理客户总资产）评估取代存款评估，引导社会财富从存款转向多元化金融配置；率先探索"投资银行一体化"，服务经济新动力的融资需求；率先实施数字化转型，开拓生态管理发展空间。

一、数字化服务体系

第一，友好互动 + 开放互联，一个新的企业数字化服务系统。招商银行积极拥抱和实践数字化转型，积极与客户建立联系，为企业客户打

造互动、友好、开放、互联的多维平台服务体系，以满足不同场景下不同类型客户的需求。其目标是与企业共同成长和发展，成为数字化转型时代亲密的合作伙伴。

第二，积极求变＋引领潮流，为招商银行的企业数字化服务体系带来了创新。在企业数字化转型的浪潮中，招商银行试图通过在线服务、多维服务矩阵、三维互动、客户导向、全场景生态等方式打破银行传统的服务方式。

第三，数字财务管家＋数字运营助手，双倍推动企业数字化转型。数字财务管家帮助企业实现财务情报数字化，为企业提供方便、灵活、智能的财务现场服务，提高企业财务效率，更好地支持企业进行市场拓展。数字运营助手帮助企业实现数字运营，为企业提供开放、多维的服务平台矩阵，帮助企业建立数字基地，通过多渠道服务矩阵和多场景服务模式，与上下游不同角色和场景的企业进行合作，促进企业操作数字化和业务的快速发展，如图 3-18 所示。

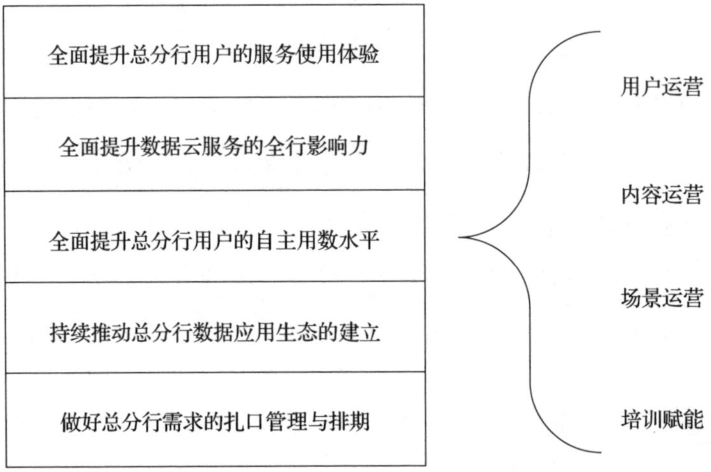

图 3-18　招商银行数字化运营实践

二、数字化转型的四大策略

2021 年，招商银行提出了“大财富管理、数字化运营、开放融合”的 3.0 模式，重点关注财富管理、金融技术、风险管理三大能力建设。为此，招商银行增加了对金融技术的投资。金融科技创新项目基金重点关注六个方向，即数字化管理、科技基础设施和创新孵化等。2021 年启动了近 2000 个金融科技创新项目，通过招商银行企业 App 交易数大幅增长。招商银行是如何从众多股份制商业银行中杀出重围的呢？下面将对招商银行数字化转型的四大策略进行介绍，如图 3-19 所示。

图 3-19　招商银行数字化战略

策略 1：外接流量。在用户思维的引导下，招商银行与软件及硬件的各个渠道商进行合作，追求流量的提升。招商银行率先从客户思维转变为用户思维，重新定义了金融服务的边界。长期以来，招商银行一直把业务中心放在持卡人和客户身上。在客户行为导致业务逻辑发生变化后，银行应该跳出账户的桎梏，建立用户思维。特别是要抓住新一代年轻用户，把封闭的金融服务体系转变为开放的现场服务生态系统。

策略 2：内建平台。与许多将 App 视为交易工具的银行不同，招商银行战略性地将 App 打造成为客户运营和服务的平台，改善用户体验，打造金融服务生态平台。招商银行各分行及线上线下网点也按照 App 策略进行相应转型，打出线下服务竞价牌和人性牌，使整个渠道服务体系的线上线下相融合。

策略 3：用户实现。制订多样化方案，结合智能技术提高流动性。

策略 4：组织转型。引入数字通用汽车和新的网上银行部门加快银行业的数字化转型。招商银行以构建大财富管理价值循环链为主线，深入推进全行数字化转型发展和 3.0 业务模式升级。2021 年，信息技术投资 132.91 亿元，同比增长 11.58%，占招商银行总收入的 4.37%。

三、启示

在移动互联网时代，数字化渠道已经成为触达用户的必然途径，更是与客户对话的“敲门砖”。通过解决企业的经营问题及良好的用户体验获取对公客户，而非依靠价格和关系，招商银行金融的数字化和经营方式已经进入了良性循环。

（资料来源：笔者根据多方资料整理而成）

第四节　数字产业新模式的光明前景

目前，全球数字经济已经步入了加速创新、推动发展的崭新阶段。不管未来数字化发展由谁来主导，它都将在新阶段的发展上占据主动地位。近年来，在国家政策的支持及相关政府部门的积极努力下，数据要素的价值正在持续释放，我国数字化转型进程也日益加速，而数字经济在中国国民经济与社会创新发展中的作用也日益突显。《中华人民共和国国民经济和社会发展第十四个五年规划和2035年远景目标纲要》（以下简称《“十四五”规划纲要》）中将“加快数字化发展，建设数字中国”独立为一个章节，由此可见它的重要性。《“十四五”规划纲要》指出要充分发挥海量数据和丰富应用场景优势，促进数字技术与实体经济深度融合，赋能传统产业转型升级，催生新产业、新业态、新模式，壮大经济发展新引擎。

数字经济和实体经济的深入融合带动着生产效能的提升和经营方式的变革，这是行业转型升级的巨大作用。目前，数字经济的真正价值已经由提升交易效能转化为提升生产效能与推动行业数字化转变。随着计算机技术的广泛应用和网络的日益发达，信息工业和经济发展的融合日益加快，产业数字化和数字产业化、数字效率和信息元素日益成为经济转型的主要方面。

一、数字技术赋能产业新生态

在互联网、虚拟现实、区块链、5G、物联网、新型人工智能和AR/VR等新型数字技术与应用的融入与蓬勃发展下，数字创新、数字交易与数字资产市场的未来发展轮廓也显得越来越清晰。随着数字信息技术的发展，有着规模相对较小、分散程度高等特征的传统服务业同样也正在快速地进行向数字化转型的脚步，并呈现出新的模式和格式。2021年，在数字生态大潮的推动下，中国零售业通过拓展零售边界促进零售业质量的提升，从而重塑了未来的世界零售业模式。随着数字科技的发展，国美通过“一店一页”、视像购物指南及家居场景扩展等功能，将在线和离线、虚拟现实及网上存储技术融入家居场景中。此外，盒马鲜生还搭建了一种全新的零售操作系统，使盒马鲜生的运营流程、服务配送页面、零售页面、支付界面及内部控制等系统扩展至整条供应链，并完成数字化经营。数字化授权后，零售质量和企业效益明显提高，经营成本显著减少。

数字授权正在促进零售业务向更宽的维度、更大的范围、更快的响应速度，以及从更系统化的方向实现全新的融合与提升。在数字化赋权下零售业的信息共建共享为缓解社会经济发展的信息不均衡与不足提出了一个有效的路径，将有效地促进行业发展。在数字化赋权下未来零售的全新体验将在服务与销售的各个环节更好地诠释人的机制，实现与人的情感链接。

在电力工业方面，国家电网公司将运用数字化信息技术对传统国家电网系统赋予权能，促进新国家电网升级，并使之形成更智慧、更友好的电力网络。国家电网公司将推进服务数字化，建设实现离线服务的在线全国电网平台，做到服务一次接入、客户一次登记、服务一网通办。重点实施“供电＋能效”服务，实施能效诊断、需求响应、智慧运维管理等在线业务，助力节电提效。

二、做强数字经济，赢得发展主动权

数字经济是继传统农业经济和现代工业经济之后的新经济形态。这是以传统信息资产为基础，以现代信息网络为主要服务对象的新媒介经济，以现代信息与通信手段的整合运用，以及经济各要素的数字化更新作为主要动因来促使公平和效益趋向一体化的新兴市场经济形式。在这个信息日益电子化的年代，发展数字经济已成为抓住新发展契机、掌握经济主动权的重要抉择。时间不等人，抓住机会抢先下手。网络、大数据、云计算、人工智能、区块链等科技正在加快创新，网购、移动支付、共享经济等新型业态逐渐兴起，产业互联、智慧工业、智能港口、智慧农村等新型模式也方兴未艾。

发展数字经济是形成中国全新的经济发展模式的关键基础，是形成中国现代市场经济体制的关键引擎，是构建新的国家竞争优势的必然选择。我们要把握新一轮技术革命与行业变革的新机遇，全力促进中国数字经济健康发展，积极把握未来，努力赢得长远胜利。中国有着巨大的市场、大量的信息人才、健全的行业体系和丰富的数字应用场景，这些都是我们发展数字经济的独特优势。

与此同时，由于数字经济在各个区域、行业及公司中发挥的作用仍不均衡，数字技术基础设施建设、产业链和价值链控制等亟待健全。因此，我们必须克服数字经济的缺陷，进一步发挥数字经济的牵引力。另外，要不断推动数字经济深度发展，积极洞察前沿方向，针对电子传感器、量子信息技术等战略性、前瞻性的领域，超前布局，强化技术研发与突破，努力提高企业自主创新能力，牢牢掌握发展数字经济的自主权。但是，要全面激活数字经济和传统工业之间的“化学反应”，就要着力推进和运用新一代信息技术对中国传统工业企业实现全方位、全链条的技术改造。进一步推动数字技术和实体经济的深度融入，进一步健全重点行业供应链系统，有效发挥数字技术对中国经济社会发展的释放、叠加、倍增功能，着力提升中国经济的活力，进一步健全企业治理体制，有效推动数字经济的健康发展。

数字经济管理体制是有效推动中国数字经济持续、稳定、健康发展的有力保证。规范中国数字经济发展，健全数字经济管理体制，是不断加强、优化和发展中国数字经济体系的一个关键方向。健全政府协调机制，强化政府跨部门、跨层级、跨地域的协调监督，做到事前、事中、事后全链条、全领域监督，努力形成更符合平台经济特征的机制，保障平台经济经营参与者的合法权益。不断增强大数字公共服务的实效性，提高人民的满意度。全面建设数字安全屏障，增强预警和对抗网络安全威胁的能力，这对发展数据经济具有重大意义。

三、数字经济新模式的发展趋势

目前，我国数字经济新模式主要有四个发展趋势。

其一，一个全新的在线服务模式不断出现，将推动全新的消费市场。而大数据分析、人工智能等新兴信息技术，在制造、运输、零售、教学、医院、城市管理等领域的广泛应用，极大地方便了人们的工作和日常生活，也提升了社区管理与服务的有效性。

其二，加快工业数字化转型，为扩大实体经济增添新的新动力。“云数据智能支撑”倡议深化了实体经济的数字化转型，推动了生产、管理、服务等环节的创新与改造。产业互联网、智慧园区、智能存储和个性化订制服务生产等已经初具规模，这给实体经济带来了强劲的发展新动力。

其三，新兴市场个体经济的迅速成长，为消费与就业打开了全新的发展空间。而主动就业、副业创新和灵活就业的发展，更加激活了创新创业与市场经济主体发展的内生力量与革新的生命力。更多的新兴个体经营者可以通过网络实现产品设计、制造、市场营销及售后服务，从而实现了自主就业和服务价值的创新。

其四，共享经济蓬勃发展，带来了一个全新的社会生产要素供应模式。公共生活应用场景快速普及，共享生态材料、创新孵化平台、协作生产平台等公共生产应用场景大量涌现。数字要素的价值创新对生产率的提升有巨大的作用。在更多的价值链上，中下游公司致力于共同创新数字，以形成互惠共赢的数字生态系统。

章末案例

美云智数落地企业向数字化转型升级

作为数字经济和实体经济融合发展的重要基础，数字工业化和生产电子化正成为中国工业转型升级的核心动能。2022 年 4 月，全球企业论坛（WEF）表示，将有 13 家新企业加入全球灯塔网络。截至目前，美的控股有限公司（以下简称美的）旗下共拥有 4 家企业已被评为“灯塔工厂”称号，这更反映出了美的强大的技术属性及在智慧制造业方面的国际领先水平。作为一家在美的旗下的数字体验中心内培育起来的新型软件企业，美云智数科技有限公司（以下简称美云智数）是国家选定“灯塔计划”的主要参加者。通过与美的质量和智慧管理事业部、集团 IT、库卡等业务部门的合作，建立了两个国家“灯塔计划”，并取得了巨大的成功。美的过去十多年的全面数字化改造过程是中国制造企业转型升级的经典实例，也是全球制造业向中国制造过渡的缩影。美的在 2020 年制定的核心策略是全面数字化和全面自动化。

一、公司简介

美的是集家电、暖通空调、机器人与自动化系统、智能供应链、芯片产业、电梯产业于一身的高新技术公司。在 1968 年创建于中国顺德，目前公司总部设在广东省顺德北郊新城。美的在世界各地设有大约 200

家子公司、60多个海外分支机构部，以及十多个战略业务部门。同时，美的也是德国库卡集团的主要股东。美的的主营业务包括厨房家电、冰箱、洗衣机及各类小家电；家庭暖通中心家庭空调服务，重点专注于家庭供热和室内通风控制系统，包括家庭用空调机组和中心空调机组，以德国库卡集团和美的机器人有限公司为核心的机器人及工业自动化系统业务，以美国安得智联为集成解决方案服务平台的智能供应链业务，以及美仁半导体公司的芯片业务。

二、美云智数助力制造业转型升级

制造业是立国之本、强国之基。从整个经济发展的角度来看，更多的“灯塔工厂”将有助于加速国内生产向生产与创新转化，促进制造商转型升级，向制造产业链的高端迈进，成为指路“灯光”。“灯塔工厂”照亮着一批批国内制造业企业向数字化变革的道路，美的专注于打造沉淀内部生产操作经验的数字化产品，在通过认证后将输出给美云智数，并进行外部赋能。由于美云智数的总体目标非常清楚，要围绕设计类公司输出设计领先的经验与服务，从而助力国内制造公司进行转型提升、共同升级。“灯塔工厂”可以让行业或是同应用领域的制造型企业认识到数字化转型升级是可以落地实施的，起到模板的效果。

工业应用软件是中国智能制造业领域的核心技术。针对核心领域工业应用软件的“卡脖子”风险，美云智数将持续努力，期望用国产化的应用软件和技术研发实力，逐步完成在制造业生产应用领域中的工业应用软件核电国产化。美云智数制造业生产的仿真MIoT.VC作为国内外最早的制造商级生产数字化模拟平台之一，根据国内公司业务的实际情况，在国内做了本土化的重构与发展。它是一个融入了三维工艺模拟、装配模拟、人机协同、物流模拟、工业机器人仿真、虚拟调试、数字双工厂等功能的现代数字化制造业生产模拟平台。在高校教育界积极推行产教融合的发展理念下，其致力于制造业生产培训。它的核心产业基础和核心技术可以协助中国的制造商减少因国外软件“卡脖子”等重大问题而造成的损失。除此之外，美的在研发、IoT 等层面，通过与合作伙伴及国内外同业联手努力，进而实现了制造业软件国产化的目标。

我国制造业企业正积极运用现代信息技术打造世界领先的智慧工厂，它将对我国工业的转型升级起到重要的引领和推动作用，也将从数字化生产、技术创新、创新能力建设、经营管理转型、绿色转型等领域照亮我国工业前进的新方向，带动更多的中小型生产企业通过提高质量和经济效益而逐步迈向价值链体系的中高层，如图 3-20 所示。

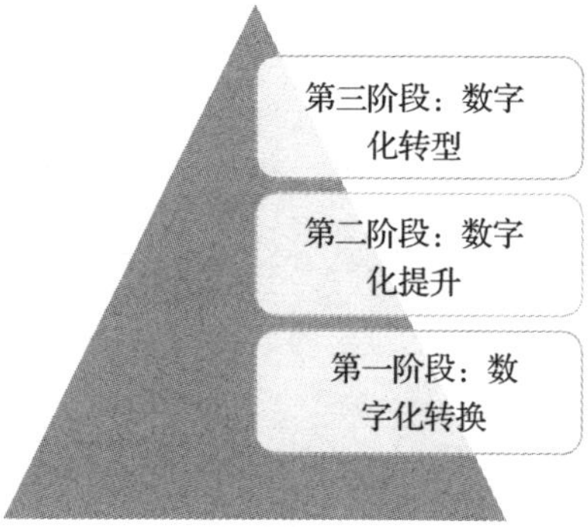

图 3-20　制造业数字化转型的三个阶段

三、践行“双碳”战略

一直以来，美的都注重环境保护，把绿色发展作为自己的发展理念，依托于科学技术创新，实现产品向绿色、低碳、环保方面转化，通过对机器设备的升级和精益生产实现制造生产过程的节能减排。面对以绿色为主题的发展趋势，美的坚持发展理念以低碳、环保、绿色为基础，打造一座“绿色工厂”。

美的已经提出了一系列环保策略，即以“绿化设计、绿色采购、绿化制造、绿化物流、绿化回收、绿化服务”六个支柱形成了一个全过程的生态圈。通过企业建立、企业转型改造及创新，坚定不移地推动美的的环保转型战略。美的根据我国的“双碳”战略，把所有绿色元素纳入了智能生产体系。通过对绿色设计与绿色供应链的整合，美的规划建设了绿色透明的“智慧厂房”。此外，美的还将建立绿色生产系统，围绕土地集约化、原料无害化等五大领域，建设绿色、高效、可持续发展的“绿色厂房”。所有的工厂建造都需要考虑利用洁净燃料，而在集团内有专业的绿色机构和队伍，从集团到部门，再到厂区都在贯彻“绿色战略”的有关事项。在未来，美的的“绿色战略”还将体现在产品设计的材料和整个生产制作流程中，将绿色、环保的设计元素在整个生产中加以展现。对环境进行保护，坚持低碳、绿色发展，这不仅是国家的基本要求，也是企业的社会责任，更是技术创新和发展的动力。美的将继续实施“绿色战略”，不断完善企业的发展目标，为中国乃至世界“碳达峰、碳中和”做出贡献。美的“绿色战略”的六大支柱如图 3-21 所示。

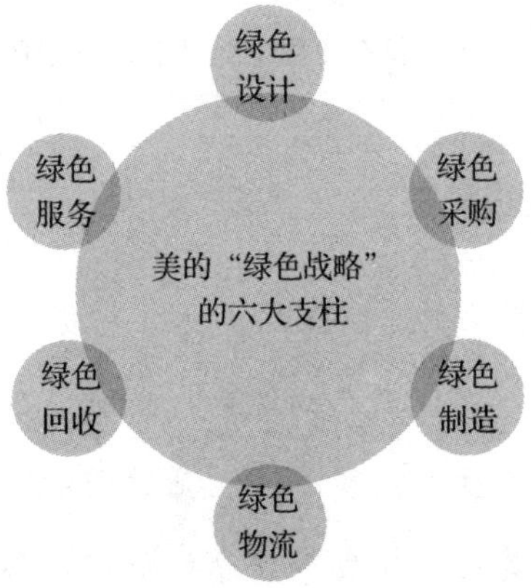

图 3-21　美的“绿色战略”的六大支柱

四、数据驱动全价值链运营

1. 制造端：数智技术引领制造

作为中国工业和信息化部第一批“5G+ 产业网络”技术试验示范企业之一，美的微波清洗事业部顺德马龙制造基地具备产业互联、5G 丰富的移动宽频、超高稳定性、超低延时、大规模互联等倍增能力。美的在人工智能领域的表现也为生产与制造业带来了质的飞跃。美的对外观、配件等噪声的智能监测能够有效降低人为误差，而且还能够探测出人类所不能达到的盲区。顺德马龙制造基地的三条重点工艺和环节率先导入了自主开发的人工智能产品质量监测技术。未来，人工智能质量检测技术可以自动复制到同一车间的其他生产线，可大大提高智能制造的自动化率。主控平台就像安装在云端的高质量“智能大脑”，借助质量数据的及时预警和人工智能分析，可以有效帮助管理者从多个角度跟踪和分析产品质量问题，不断优化和调整产品参数，提高产品质量和工艺水平。而且，如果想要用数字智能驱动制造业，还需要有一个连通物理世界与数字世界的制造业仿真技术，而美的云智能数字 MIoT. VC 不仅是世界领先的工业模拟软件，还是中国最早的制造业数值模拟平台之一。

2. 渠道端：优化零售体验数字智能渠道

借助数字智能技术，美的以用户为中心的零售系统正在快速迭代。美的积极推进与供应链管理和电子商务平台的深度合作，借助庞大的智慧供应链，运用数据驱动和系统推动，迅速反映人们的消费要求，以达到市场精确预测、智能分仓和自主补货的功效。另外，美的也在持续提升线下门店的服务实力，不但为线下店面提供了各类数字系统工具，也可以进行网络排水、终端营销和会员运营，同时也能使代理商更加注重售后服务与体验，使其逐渐向运营商转变。正因如此，美的线上与线下渠道之间不但能够对接大数据，而且还能够建立互相补充的服务闭环，从而促进用户黏性与商业模式的创新。

3. 生活端：构建多彩的数智生活

从生活的视角出发，当前领先的数字智能科技不但改善了美的研发的面貌，还极大地夯实了美的生产实力的基石。另外，美的在开发中还应用了数值模拟、人工智能等新科技。通过使用数字仿真技术，人们能够在早期产品设计中评估替代方法和优化方案，不但降低了大规模物理手板和模型的生产成本，也大大缩短了取得试验成果的周期，加速了研发与推广的步伐。另外，美的在语音识别、图像识别及机器人控制领域的领先科技成果也被应用到不同的产品设计中，以保护消费者的数字健康与智慧生活感受。以美国 AI Technology（人工智能技术）的中高端家用电器品牌 COLMO（AI 科技家电品牌）为例，它专注于人工智能技术，利用“商品 + 情景”，进行个性化的互动、深度学习和专业服务系统。该商品不但能够识别服装、大米和新鲜度，还能够匹配相应的产品流程，使用者也能够获得专业服务。例如，全方位分布式语音与多屏互动，不仅能够实现企业内部的智能交互，还可以让用户获得更好的使用体验，从而构建“人机结合”的人工智能全视图高端智能生活。图 3-22 为大数据对全价值链的分析。

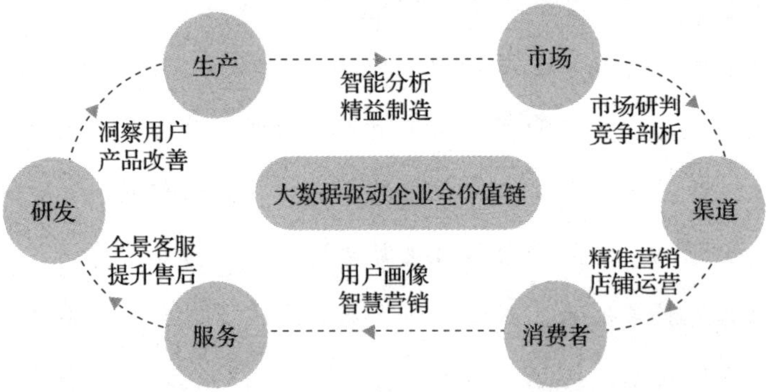

图 3-22 大数据对全价值链的分析

五、启示

美的不断地在各个方面进行着数字化转型升级，探求企业新的收入增长点并最终取得了丰硕的成果，实现了企业价值的提升，成为家电行业中数字化转型的佼佼者。但是，在转型过程中，美的仍存在一些不足，对于这些不足之处本书有以下两点建议。

第一，提升销售环节的数字化能力，降低产品成本。提升企业精密制造的能力和范围，加强智能化质检的效率和精确度，帮助企业提升产品的质量。加强对销售人员的数字化培养，鼓励销售人员通过线上渠道进行产品营销，推进企业线上销售渠道的发展，提升企业的线上销售规模。

第二，将数字化深入融合到研发环节，提升研发效益。首先，提升研发人员的专业素质。定期地对研发人员进行各种技能培训，使他们能够及时且熟练地掌握应用于家用电器的先进数字技术，根据市场的需求快速地设计出具有较强市场竞争力的产品。其次，提高研发与制造的匹配程度，根据制造环节的标准和模块进行产品的设计和开发，帮助企业在制造环节降低一部分产品成本。最后，加强对研发人员的管理和提升奖惩力度。

随着大智移云、5G等先进数字技术的成熟和普及，整个宏观价值链发生了巨大的变化。消费者越来越青睐各种数字化的产品和服务，价值链下游的行业只能顺应客户的需求快马加鞭地进行数字化转型，尽量将自己的产品和服务都搭载上数字化的翅膀以谋求更好的发展。

（资料来源：笔者根据多方资料整理而成）

4

第四章 崛起中的数字经济新价值

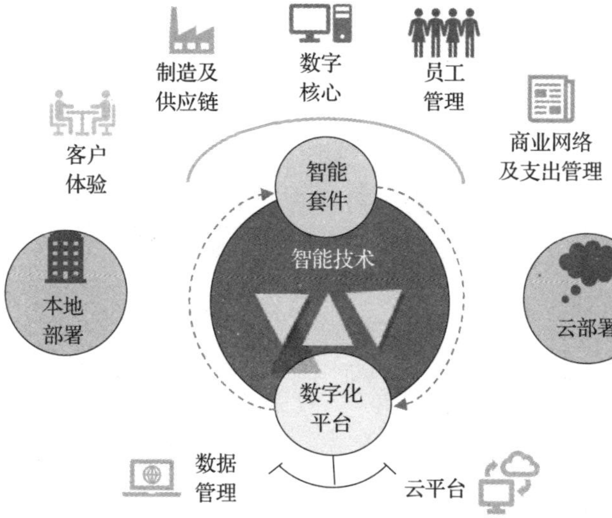

开篇小语

在当今社会，数字经济正在逐步渗透到国民经济各领域，以创造商品和劳务的最大价值。随着数字经济的进一步发展壮大，应将数字经济技术应用到国民经济的各行各业中，使其逐渐形成“数字+”的特点。面对智能化大数据经济的迅速发展，有关大数据经济中的价值来源与价值产生过程成为经济学界所关心的问题。

> 未来我们要增加横向不同场景价值，延长服务链路。同时纵深满足用户需求，借助人类年龄的自然势能，向小、中、青多个年龄用户中深度渗透。另外，通过加强基建投入，使多种阵地相关产品完善经营价值链路，建立对外用户持久的影响力。
>
> ——北京字节跳动科技有限公司创始人　张一鸣

开篇案例

立讯精密：发展数字化平台，开启新增长曲线

如今，科技的快速发展加快了经济发展方式的转变。中国企业必须加强自身的创新能力，以数字经济为动力促进传统数字经济产业转型升级和发展，如此才能在市场发展中占据优势地位。立讯精密工业股份有限公司（以下简称立讯精密）认为，在科技发展的时代潮流中，要想突破数字技术壁垒、弥补中国技术与全球技术之间的差距、帮助中国制造业迅速崛起为中国智能制造业，中国企业就应该实现科技创新与时俱进，尽快拥抱数字技术。

一、公司概述

立讯精密成立于2004年5月24日，在2010年成功上市，自上市以来其营业收入总额增长迅速。立讯精密的目标是从传统的制造转变为智能制造，因此一直以技术为导向，致力于产品的研发、生产和销售。立讯精密始终专注于连接器这一主业，通过不断地进行内生式与外延式并购拓展自身业务，抢占市场份额。其主力产品——电脑接口的市场占有率已遥遥领先，同时，立讯精密也不断地扩大笔记本电脑接口的制造规模，并发展了DP、eDP和USB3。此外，立讯精密也在逐渐向车辆连接器、通信连接器及中高端电子连接器等应用领域发展，开拓新兴产品销售交易市场，以巩固竞争优势和领先地位。立讯精密一直在追求智能开发设计、数字化经营管理、精细化成本管理、智能化产品制作。立讯精

密在未来还将通过产业布局，依靠更全面的科技支持网络技术和体系化市场策略，来完成从人与设备的智能互动到设备与人的智慧互动。同时，立讯精密也希望可以迅速地进行“机、电、声、光”等全方位发展，成为全球同行业的开拓者。

二、横、纵向增加产品价值

在电子产品消费领域，立讯精密通过不断扩大产品线增加自己的市场占有率，其在通信、数据中心、制造业和汽车电子消费领域所提前生产的产品，已成为企业发展与行动的新动力引擎。此外，立讯精密通过不断完善自动化生产，进一步优化企业内部的服务系统平台，以发挥企业资源优势和核心竞争力，从而进一步稳固了市场地位，获取了广大客户的信赖，并与客户形成了良好的长远合作关系。基于上述条件，立讯精密将严格进行成本把控，横向不断拓展产品类型和种类，纵向不断增加产品的总价值量，如图 4-1 所示。

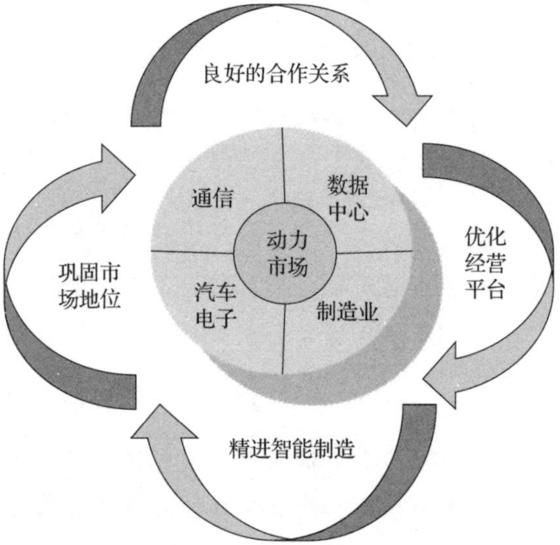

图 4-1　增加产品价值量的条件

三、成长逻辑清晰，保证产品价值

立讯精密进一步增强在消费电子产品行业的优势和话语权，在AirPods（无线耳机名称）及智能手表等行业持续增长并获得了价值增长。立讯精密为AirPods的主要供应生产商，随着AirPods的销售额持续上升，企业未来有极大机会获得更多的经营总收入和利润总额。鉴于目前AirPods应用普及率较低，立讯精密仍将保持高速发展，其开始组装手腕表，SIP发展顺利，市场发展空间的扩大会为其提供新的收入增长点。立讯精密已在信息通信与汽车服务的中长线经营领域取得了重大进展，信息通信服务已涵盖了构造有线天线和光模板等行业，同时也早已从几个主力设备顾客中获得了很大的发展空间，在5G时期也将迎来一个全新的经济增长点。在未来的新能源产品应用领域，立讯精密为国内外用户开发的新产品已获得成功。随着新形势的发展，能源汽车还将继续投入放量产能，国内客户将逐步进入市场，并有望形成新一轮的发展态势，如图4-2所示。

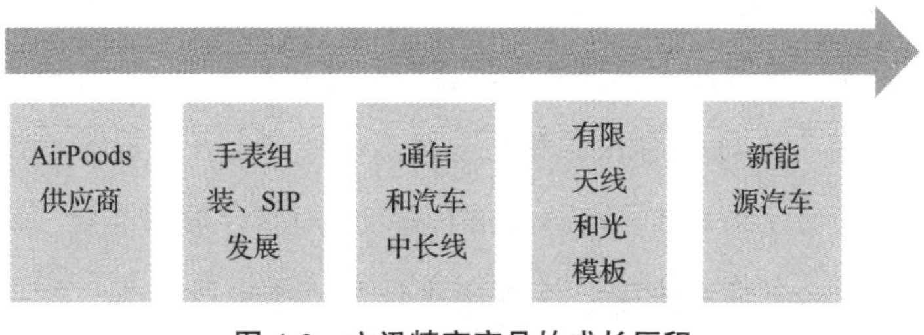

图4-2　立讯精密产品的成长历程

四、以数字经济产品连接未来

立讯精密是国内精密制造的领跑者，其产品、业务构造布局呈现“多元化+垂直一体化”的特点。其创新、研发、制造、销售的产品主要服务于消费电子、通信、汽车智能电子、数据经济中心和医学调理等领域，也服务于综合覆盖零组件、模组与系统改装等，如图 4-3 所示。

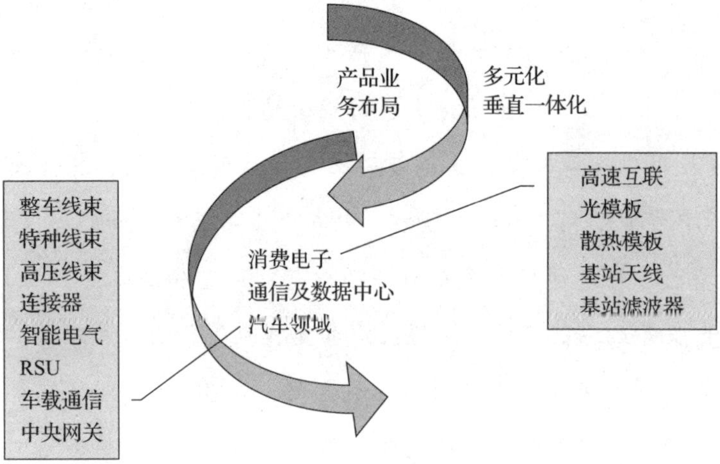

图 4-3　数字经济业务布局

1. 产品、业务版图扩张历程

立讯精密在消费电子行业的领先产业涵盖声学类产品销售（TWS 耳机等）、智慧生活类（5G 路由器等）、智慧终端类（可穿戴运动手环等）、计算机配件类（独立显卡、中央处理器和智慧触控笔等）和各种有线、无线补充配件等。立讯精密在消费电子产品的精密生产方面始终保持着核心技术优势，为消费电子产品终端用户供应连接线、链路管理、马达、无线补充、FPC、天线、声学、医学调理和电子模块等服务，产品线丰富多彩。

2. 消费电子领域的主要产品

在消费电子产品应用领域，立讯精密已经涵盖了高速互连、光模组、散热模组、基站天线、基站过滤器等电子产业领域，并通过科技的集约开发和技术创新、产学研的融合发展，使新型产品在某些细分领域超越了许多世界级企业，具有开发价值。

3. 汽车通信领域的主要产品

在智能车辆应用领域，立讯精密将重点放在发展整车的“血管和中枢神经网络系统”上，其中主要商品将涵盖车辆电缆线束（整车线束和小线束）、特种线束、高压线束和接头、汽车车载充电器、智能电器盒、RSU（路侧单元）、车载通信单位（TCU）和中央网关等。为了让车型结构更简洁，技术部门还会在线束中采用模块化设计，减少汽车内部结构回路。作为消费电子行业的龙头企业，立讯精密以代工无线耳机 AirPods、iPhone 设备等闻名遐迩，效益也随之得到了提高。汽车领域是立讯精密产业转型的首选领域，如果实现了从手机领域到汽车领域的转型，立讯精密就将迎来新的发展空间，强化自身的发展优势。

五、启示

从立讯精密的发展历程中可以看出，依靠产业链上的龙头企业可能是公司发展生产的一条捷径。但是，立讯精密在竞争激烈的市场中幸存下来并不断发展壮大，不仅是依靠这些龙头企业，主要靠的是自身研发能力的建设、研发投入的扩大、自身技术优势的提升。科技企业的创新能力与研究能力是最关键的核心竞争力，而具备强劲研究能力的前提条件就是企业具有一支优秀的人才队伍。所以，打造一个完善的研发管理体系与强研究队伍建设及其人才培养系统，是当前中国各大连接器公司茁壮成长、获得高质量发展、在产业中立足的必由之路，也是推动产品创新升级、更新换代的必备条件，为实现产品新价值奠定坚实的基础。正是把握了这几点核心优势，立讯精密才实现了高质量发展与成长壮大。

（资料来源：笔者根据多方资料整理而成）

第一节　数字经济的价值本质：数字劳动

与数字经济密切相关的社会工业领域已经冲破了传统产品创造与流动的物理束缚，随着网络等信息基础设施的逐步发展及计算机技术的广泛运用，数字经济正逐步走向现代农业、先进工业及新兴行业，其所形成的大规模效应将显而易见，如图 4-4 所示。目前，数字经济行业已开始出现企业内高固定成本与低边际成本并存的情况。在互联网信息化等新数字技术生产环境下，数字产品的规模不断扩大、产量急剧上升、企业单位成本显著减少。范围经济使生产能力急剧提高，使大规模产业层出不穷，区域经济还能够在产业中产生各种服务或商品，适应行业的不同需要，从而逐步产生消费端的长尾效应。

图 4-4　数字经济

一、数字劳动创造数字产品价值

产品价值是通过制造物品的社会必要劳动能力来体现的，在大数字的经济环境下，产品价值主要是源于人们的生产劳动。

（一）数字劳动：创造价值的生产劳动

数字商品价值形成的创新过程是以数字信息技术为基础的生产过程，对其产品成分进行有机融合，以创造特殊的消费价值。数字经济下的这项价值生产创造活动，需要大量的脑力和体力劳动等，也需更广泛地使用资讯科技。也就是说，在资讯科技发展的过程中，我们需要通过大量的脑力劳动来完成工作。

（二）劳动产品：数字劳动的凝结

工作的最终结果是生产出符合社会需要和人类需求的物质商品或服务商品。数字经济条件下的劳动是复杂的，其中包括较高的科技含量，具有数字化、智能化等特征，也包括科技成果、数字技术、智能区域等内容，劳动者需要接受更专业的训练，保证他们的劳动效率达到更高水平。

（三）数字劳动创造物质产品价值

数据经济产业是一个新型产业，大致包括以下几种：一是数据基础设施和装置，如网络、大数据、计算机系统等。二是数据工业，如电脑、移动通信设备、芯片、机器人和人工智能装置、具备数字控制能力的机器人等。三是软件设计等，如信息技术咨询服务、大数据分析、企业决策方案研究等。根据我国目前的统计类型，将这些行业归纳为技术咨询产业，这些信息产业所产出的劳动商品均可视为数字经济产业所提供的商品，且均是用必要劳动时间反映其所产生的商品价格，并根据市场供求情况而定，如图 4-5 所示。

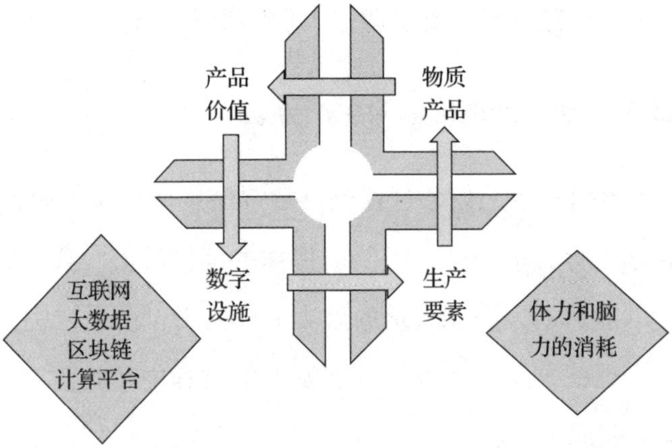

图 4-5　数字劳动创造产品价值

二、数字劳动的表现形式

在数据经济的大背景下，数字劳动者的概念已不仅是指制造产品与生活服务的劳动者，还涵盖了支撑平台技术发展的劳动者。数字工作劳动的平台包括以数据为盈利增长点和以信息技术匹配发展起来的零工平台。数字劳动过程既包括聘用于非雇用者的免费网络平台上的劳动，也包括雇用者以现代网络技术为载体的雇用劳动，涵盖了在传统工业和信息化水平提升过程中的劳动力。不同的劳动力在数字经济工作过程中的特点并不同，但都在劳动过程中共同创造了新价值。数字劳动过程的四种表现形式如下。

（一）传统雇用经济中的数字劳动过程

在传统雇用经济领域中存在着原有的纵向管理层次和科层式管理链条，复杂烦琐，因缺乏信息技术导致管理体系中的信息沟通交流不及时、不准确，信息传递层级过多，从而导致信息在传递过程中扭曲、失真等问题。这些问题导致在一线工作的劳动者与高层的直接对话受到了阻碍，延缓了劳动生产过程中产生的信息和问题的上传和反馈，所以有必要加强对中层管理者的协调和监督的功能。

（二）互联网信息平台在短工经济中的数字劳动过程

由于网络信息平台短工的用工门槛相对较低，因此短工劳动市场往往会发生供大于求的情况。企业虽然提高了短工劳动者的就业机会，也使劳动者可以享有安排相应工作时间的权力，但因为企业内部竞争加剧，劳动者必须提高自己的工作强度或不得不接受企业增加人手的现实。企业只需要通过足够的、强有力的、扩充了的工人后备军团，不需要再通过支付过多的劳务费就能让平台短工的数字劳动者陷入内部竞争的巨大压力下。

（三）激发数字劳动者的创新意识

在数字经济快速发展的时代，创新是企业发展中不可或缺的一部分。工人需要一个相对自由和宽松的工作环境来进行创新创造，因此，要克服从理论工作能力向现实工作能力转变的复杂局面，企业将面临比传统机器制造企业更加艰巨的问题。不但需要保证剩余价值生产在可控的理想范围之内，还需要激发数字劳动者的革新意识和创造能力。

（四）非雇用形式的产销型数字劳动过程

在互联网环境下，生产和营销中数字经济工作的增加是不同的。企业只需要进行基本投资，用户（即数字经济工作者）消耗的业务成本非常小，甚至边际成本也接近于零。在这个劳动过程中，企业通过对产品的所有权赚取了大量利润，而不向数字劳动者支付任何利息。

三、在数字劳动过程中创造新的价值

在具体制造某些商品的劳动过程中，因为生产性工作与非生产性工作的形态与性质都有所不同，制造的商品也有所不同，所以数字劳动过程也表现了具体工作的特殊性。同样，在制造有形或无形商品的劳动过程中，耗费体能或脑力也是无区别的人类劳作，因而具有了抽象劳作的特征。

具体来讲，数字劳动过程和其他生产资料一起提供了劳动产品的使用价值，通过抽象劳动过程形成了产品的价格。在生产性数字劳动过程中，劳务往往成为一个特定的产品，是数字经济生产中新价格产生的关键。在数字化的生产环境中，员工往往具备了较高的技术素质和能力，而他们的劳动过程往往是较复杂的，其所产出的劳动商品往往具备了技术含量高、电子化水平高的特征。劳动是一个很独特的东西，它和其他生产资料相结合，能够在整个生产过程中创造新的价值。

四、数字经济产业价值对国民经济的贡献

就我国经济的发展情况来说，数字经济的核心产业增加值占国内生产总值（GDP）的比重加速提升。

中国数字经济科技现已成为全国经济中新的产业增长点。随着数字经济科技的发展，中国出现了计算机、大数据、物联网、移动通信、云计算、区块链、商业软件、3D 打印、芯片、人工智能等新兴数字经济产业，这些产业都是数字经济的主体。

（一）劳动促使数字经济创造价值

拥有数字经济技能的劳动力利用数字经济科学技术方法和基本设备装置，直接作用于劳务目标，并使其产生预期的改变，产出其他物质的和非物质的劳务结果。数字经济工作的主要内容就是学习和应用数字经济技能的劳务；工作的主要工具是数字化生产装置和工具；工作的主要物质对象是原材料信息数据和含有数字元素的产品信息。工作结果则是反映了生产目的的工作结果，分为数字产品和一般产品。数字经济是经济振兴新的增长点，也是我国数字产业未来的支柱。

（二）数字经济价值增长带动经济高质量发展

在当今世界经济格局中，一方面国家需要占领数字经济领域新高地，另一方面国家必须积极推动发展数字经济产业化。数字经济产业化着重于提升产品质量和产品所表现出来的价值量，并尽快突破数字经济关键技术，创新改造数字经济产品的新业态，积极发展数字经济新型产业；增加数字经济效益，提高我国的数字经济实力。另外，扩大并推进农业生产数字化。要把主动开拓与促进数字经营科技的生产相结合，加速发展数字经营农业，提升数字经济制造业和数字经济服务业的市场地位。把数字经营技术和数字经营服务延伸到国民经济的各个领域，培植数字经营新业态和数字经营服务新模式。

第二节　数字经济创造价值

在数字经济的大背景下，实施数字经济转型和支持数字经济的发展很难衡量数字经济的价值和实施模式，这是因为人类对数字经济虚拟性的理解在一定程度上影响了数字转型的过程和数字经济的发展。近年来，国内外互联网信息产业企业不断创造了更多的价值，带来了数字经济产业的新形式，包括制造业在内的传统产业的数字化已在飞速发展。除了定量数据、现代网络和数字智能技术外，数字经济创造的价值往往是基本因素相互作用的结果。

一、数字经济的三大价值

数字经济的价值创造是数字经济虚拟性的显著体现。数字产业化是数字企业的基石与核心。数据经济的基础产业在蓬勃发展的同时，也给行业带来了大量数据技术、商品与技术、基础设施和解决方案，行业将借助数据技术、信息要素进行相关的生产经营，从而形成了行业数字化，并在生产发展中创造或者体现出价值，如图 4-6 所示。

（一）内涵价值

第一，流程再造带来的价值。数字成型工艺是指运用了 5G 技术的优点，以生产关键环节的全智能为核心，以端到端数据流和网络互联为基础，从产品设计、制造、质量管控、客户服务到市场营销的全自动化工艺，所有生产制造环节都实现了无缝衔接，从而有效地缩短了产品的研制周期，减少了各项资源的消耗与能量的耗费，以及运作成本，提高了生产工序的品质和制造效能。

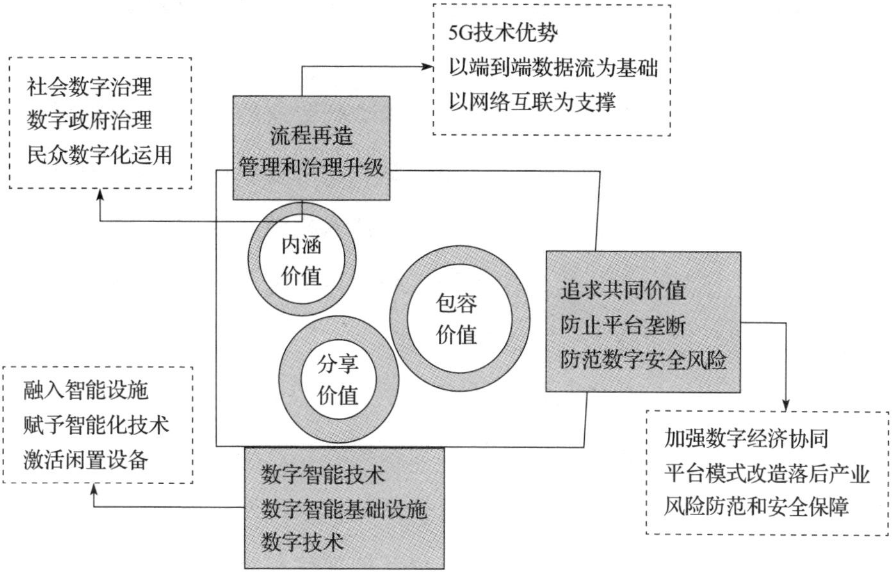

图 4-6 数字经济的三大价值

第二，管理和治理升级的价值。随着数字经济和数字社会的形成，企业数字监管打破了原有的狭隘封闭的管理空间，逐步与社会数字治理、数字政府治理和民众数字化应用相结合，形成了宏观与微观、内部与外部相结合的数字监管治理模式，体现了经济发展过程中的主体性和多样性。

（二）分享价值

第一，为中国传统产业引入数字智能基础设施。数字经济的技术依托进一步发展，将把既有的交通与网络等基础设施建设融合到 5G、产业网络、新一代人工智能与大数据中心等智慧基础设施建设之中，从而得到万物互联的新条件，并激活已沉淀的、无机的，形成体系完善、快捷有效、智慧绿色、安全的现代化经济发展基础设施系统，为流动的大数据和以创新驱动的科技赋能提供更有力的保证，并支撑现代工业网络的整体运行架构，将现代制造业企业连接形成网状拓扑架构。

第二，为实体企业引进数字智能技术。制造业数字化就是在传统工业信息机械化、自动化的基础上，通过赋予制造业企业各种数字化智能管理手段，将传统生产信息和现代数字化技术相结合的过程，从而形成集数据获取、统计分析、管理决策和工程项目实施于一身的独特工业智慧系统，以提升行业的工业智能管理水平。

第三，利用数字技术盘活实体经营要素。一是借助互联网平台和信息配置资源，可以降低成本、无耗能地拓展经营领域。打破了地域、交通、经济、企业、能源、人员等传统条件的约束，通过激活当地的闲置基础设施、能源、人员等资源优势，更好地连接和集聚了各种资本，进一步优化了资源结构。二是利用资源配置的灵活性，调动了社会组织和个人的创造活动，促进生产要素从资金、劳力等方式向科技、服务转化，推动了现代生产服务业的蓬勃发展，并增强了相应的生产技术和商业经营模式的创新性。

（三）包容价值

第一，解决发展的不均衡问题，追求共同价值。在实际工作中存在地区发展数字经济的方向出现了同质化问题，以及区域间对关键人才的争抢导致了数字经济发展的不均衡。所以，缩小数据发展的区域差异及城乡、人群之间的信息差异有助于促进数据企业共同发展，增强区域数据经济发展的连接，提高数字经济对劣势地域和产业的渗透性。可以利用服务平台更新和改造落伍产业，占领市场主动权；可以利用各种各样的因素和资源，提高经济不发达地区的创新能力，使其能够独立创造出价值，而不是一直依赖其他地区的供给，避免数字鸿沟的产生。各经营主体可以依据整体利益和总体目标，加强与系统软件内部结构的协作，使各地区、群体互相融洽地发展。

第二，避免平台垄断，追求使用价值。数字经济在普及化的情况下出现了很多数据平台公司，促使许多公司提高了用户需求，产生了某些企业和平台的垄断局势。

第三，防范数字安全风险，追求完美价值。因为与网络大数据挖掘、云计算技术、物联网、移动网络等的技术性结合，网络信息安全风险性重合且繁杂，数字经济务必在建设和发展的同时进行风险防控和安全性维护。在建设数字经济设施的同时还需要建设安保人员援助设施，制定、贯彻和执行数字经济建设的政策法规。

专栏 1

安奈儿：转化产业建设，创数字化经营

深圳市安奈儿股份有限公司（以下简称安奈儿）是一家自主研发设计，主营中高端童装业务的自有品牌服装企业，旗下拥有“ANNIL 安奈儿”童装品牌。其以“不一样的舒适”为产品主题，追求优质的面料与舒适的体验，致力于为广大婴童消费者提供舒适、简约、时尚的童装产品，最大可能地满足消费者的需求。2017 年，安奈儿于深圳证券交易所中小企业板上市。

一、本分经营，伫立童装之巅

安奈儿实施公司内部信息化管理，提高办公效率，进行绩效和薪资制度改革，制定人力资源政策，提升激励效果，并以国际标准完善店铺形象，统一宣传管理，改善管理机制，完善组织架构。

安奈儿的销售额逐年递增，如今已经实现了巨大的突破，在童装品牌领域做到了龙头的位置，占据了相当一部分市场。在做好产品的同时，安奈儿也没有忘记自己的社会责任，将一部分利润回馈给了社会。安奈儿捐助了多名贫困儿童。在发生自然灾害时，安奈儿都会及时进行爱心捐助，帮助受困群众脱离难关，组织筹办各类大型爱心公益活动。在汶川、玉树、雅安等地震灾害发生后，安奈儿均在第一时间组织了捐款捐物活动。安奈儿的发展战略如图 4-7 所示。

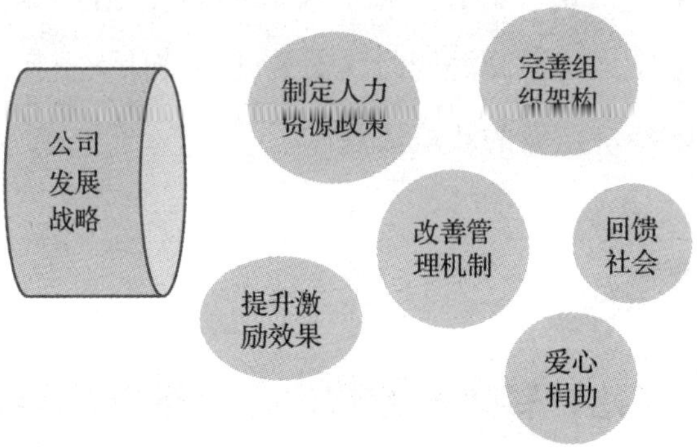

图 4-7　安奈儿的发展战略

二、多维度推动数字化进程

安奈儿通过“全员营销＋智慧零售”小程序商城寻求业绩突破，其积极寻找解决方法，从区域心理建设、组织权限下放、导购带教支持、目标任务和激励等多维度出发，推进安奈儿数字化进程，如图 4-8 所示。

1. 提升导购认知，改变导购思维

安奈儿在帮助区域上云之后，给每个导购都配备了一个专属的小程序商城，让导购可以分享小程序商城里的所有商品。同时，微盟团队根据安奈儿的情况制定了很多培训课程，从课程培训、实操演示和标杆分享三个方面切入，强化导购心理建设。

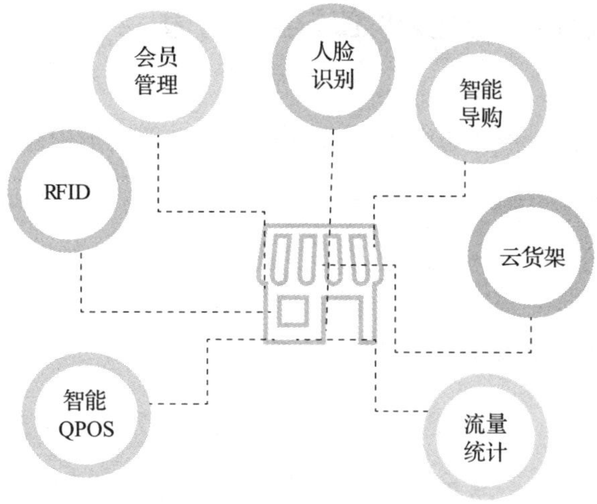

图 4-8　多维度推进数字化进程

2. 培养终端人员能力，拓展导购角色

终端人员主要包括店长和导购。导购是直接面对面接触到客户的人，导购是否能够熟练操作门店的App、能否给客户推荐适合的产品，对于最后的成交起着关键作用。

3. 通过培训拓宽导购的思维

安奈儿使用了数字化营销工具，同时通过培训改变导购的思维，打造全链路数字化闭环。

三、启示

随着互联网经济的日益发展及消费者的需求升级，传统零售行业面临着在“互联网 +”趋势下的渠道碎片化、消费场景和需求多样化的挑战。安奈儿加速自身经营创新和数字化升级，通过发力公域与私域联动、小程序商城和数字化导购的运营模式，期望通过系统产品和营销能力的组合运用，构建数字化经营闭环，实现用户和业绩的双增长。

（资料来源：笔者根据多方资料整理而成）

二、数字经济带来的社会价值与经济价值

近年来，数字经济的浪潮不断涌现，中国必须加强数字化基础设施建设的总体合理布局。数据经济作为中国经济高质量发展的新引擎，谁把握住了数据经济发展的主动权，谁就能占领经济发展的主要阵地。

（一）从两大视角看社会价值

数字经济发展趋势也有其独特的价值，可以从两大视角进行关注：一个是数字化平台，另一个是技术平台。行业领先者推动整个产业的发展，产业和科技双推进，促进科技带动创新，如图 4-9 所示。

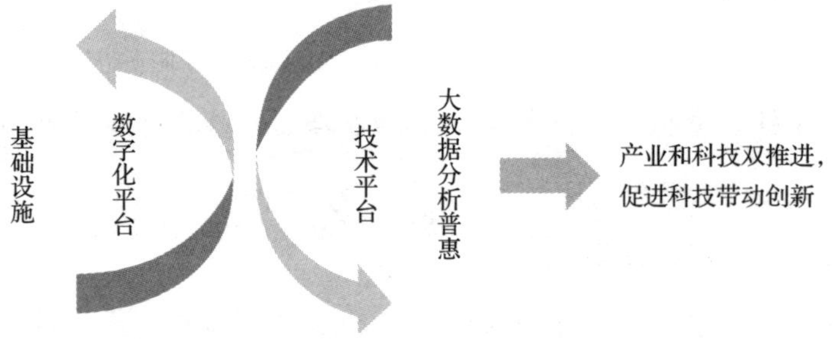

图 4-9　数字经济发展体现的社会价值

（二）经济价值五个方面的体现

第一，数字经济发展能够促使交易成本显著降低，减少交易成本是生产过程中值得关注的问题。

第二，在各领域合作发展过程中实现供需双方的良性、即时互动，不仅可以提升服务项目的相对密度和深度，还能减少一部分领域的市场准入门槛。

第三，推动了专业知识扩散，使原本没法参加供货的潜在性企业也

能登记并添加供应商。在各供应商的支持和带领下，潜在性企业重获新生，不断发展壮大，闯出自己的一片天地。

第四，在数字经济发展中应该合理支持自主创新和科研项目，以便顺利地完成商业化。

第五，根据数据信息支持达到规模集聚的实际效果，同时完成少许客户付钱、绝大多数客户完全免费的服务平台自主经营，进而产生共享经济模式。图 4-10 为数字经济价值的体现。

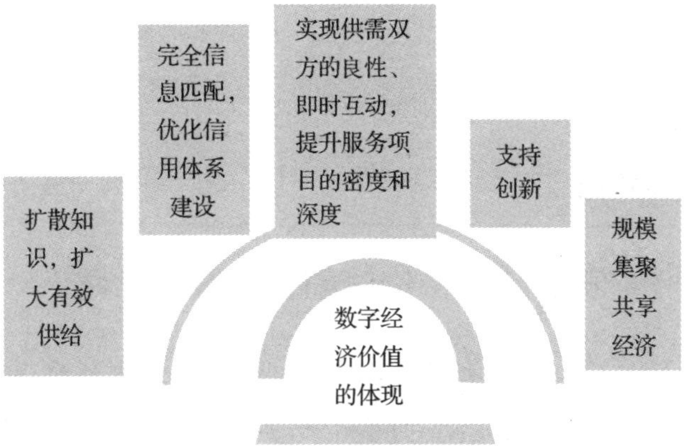

图 4-10　数字经济价值的体现

（三）价值创造的三个过程

价值创造就是指企业生产和供应目标客户需要的产品和服务的一系列业务活动及其成本结构。在价值创造过程中，价值是产品的应用价值。危害价值创造的要素包括项目投资报酬率、资金成本、年增长率、可持续增长率。价值创造需要经历以下三个过程。

第一，物理过程。商品的物理特性和商品生产的过程。在物理过程中主要考虑的是人力的参与度问题，商品的生产过程也是真正意义上的实际过程。

第二，工程学过程。商品的制造过程就是获取利润的过程。它的总体目标是持续得到盈利和提高公司的利润率。价值创造的过程必须遵循基本的物理规律，价值生产的工程学过程的运行方式可以是占有、契约、服从安排等。

第三，社会学过程。以对人性、对社会的全面了解为基础，正确评价价值及其来源，以整个社会健康发展为目的，正确引导社会创造出更丰富的真实价值。其实质是个哲学问题，是个价值观问题。社会科学、应用技术、专用工具的操作方法等都是在价值创造过程中生产的。在创造价值的过程中，价值便是产品的应用价值。

专栏 2

康柏公司：价值创新的改革之路

康柏电脑公司（以下简称康柏公司）是由三位来自德州仪器公司的高级经理罗德·肯尼恩（Rod Canion）、吉米·哈里斯（Jim Harris）和比尔·默顿（Bill Murto）于 1982 年 2 月分别投资 1000 美元共同创建的。2002 年，康柏公司被惠普公司收购。目前，康柏公司已经拥有了从掌上电脑、台式机、笔记本电脑、服务器、大型容错服务器到企业存储产品在内的 Internet 产品体系，丰富的电子商务与电信解决方案，以及强大的系统集成和从项目管理到完善的技术支持与售前、售后服务。康柏公司最初的产品是 IBM 第一个版本的兼具便携性与兼容性的个人电脑。

IBM 在 PC 机中的大部分部件不是由自己直接进行生产可能是使康柏有如此成就的主要原因，微软始终未将其操作系统的许可转让给任何的电脑制造商。唯一需要拷贝的是 BIOS，康柏公司买下了这个专利，使它很快成为该行业的领导者。

目前，康柏公司在全球电子商务的基础设施上，设立了关键业务服务器、存储产品、工业标准服务器、商用个人计算、消费产品五个全球事业部。在董事长兼首席执行官 Michael Capellas 的领导下，康柏公司加快了创新和产品开发的速度，提高了销售效率，降低了成本。

一、三次价值曲线的改变

康柏公司的第一次技术创新——在 1992 年生产出一种非常简单的服务器 ProSignia，最适用于运行 NetWare 文件处理和打印。其主要通过减少一般应用的兼容性而大大降低了生产成本，实现了这一价值的创新。康柏公司的第二次技术创新——当竞争对手试图模仿 ProSignia，行业价值曲线开始趋同时，康柏公司进行又一次基于服务平台的价值创新。康柏公司经过研究发现，服务器不是一个孤立的产品，而是顾客需求链中的一部分。康柏公司的第三次技术创新——为了缩短从订货到送货之间的时间，康柏公司发动了发送平台的价值创新。康柏公司精心筛选新的发送途径，使自己的产品能根据客户的特殊需要进行生产，并在订货 48 小时内送到客户手中。这次价值创新使康柏公司大大减少了存货成本，提高了客户信誉度。三次价值曲线的改变让康柏公司摆脱了 IBM 的围追堵截，如表 4-1 所示。市场竞争如同战争，当实力暂时上不去的时候，就应寻求其他取胜的办法。

表 4-1 康柏公司的三次变革

变革	成果
第一次技术创新	把创新引为价值创新
第二次技术创新	把康柏公司的价值曲线提升到一个新的高度
第三次技术创新	大大减少了存货成本，提高了客户信誉度

二、提高经营效率，实施战略创新

在企业网络化、改进物流、降低成本、迅速决策、直接销售的号召下，康柏公司的管理层建立了各种因特网技术项目组以加快开发和利用因特网技术的软件系统，为各种顾客（企业、社会公众、学校等）提供直销服务。其要求所开发出来的软件系统可以在各部门之间通用，以便统一各部门的工作，使各部门通力合作为大客户提供完整的计算机系列产品——大型计算机主机、服务器、桌面和手提电脑等。同时，各部门经理把供应商和用户信息放入联结起来的网络系统中，以便提高工作效益、减少库存成本、实现直接销售。网络化是企业提高效益、降低成本、扩大市场份额、保持业绩增长的必由之路，如图 4-11 所示。

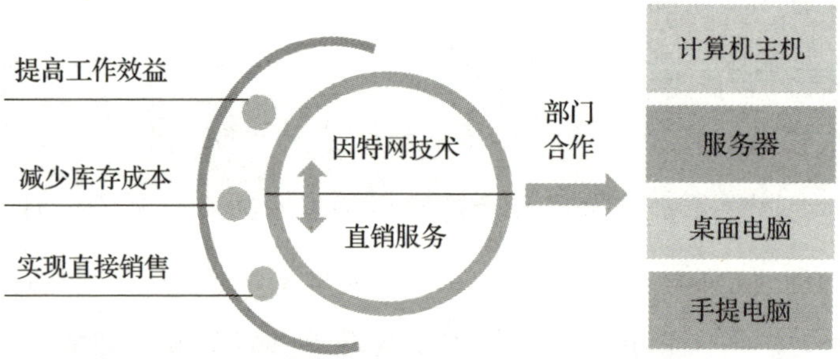

图 4-11　康柏公司的供应商和用户网络系统

三、启示

康柏公司的成功源于其优秀的创新能力，而创新的原动力来自公司上下充满的危机意识。从成立伊始，康柏公司就致力于生产高质量的创新产品。管理层始终意识到公司的市场领先地位只是暂时的，任何自满、故步自封的态度对公司的发展都是非常危险的。面对危机，康柏公司在每一个层次上更加强调挑战和变化，创造了一种新的企业文化——管理者不遗余力地对变化的征兆保持高度的警觉，积极发现问题，寻找挑战机会，而不是墨守成规。组织成员也不断地向自己提出挑战，以期表现出更强的能力和创造更高的业绩。在其不断的创新发展下，康柏公司逐渐形成了自己的创新理念。

（资料来源：笔者根据多方资料整理而成）

三、数字经济增长的本质

在数字经济高价值创新路径的基础上，不难看到发展和扩大数字经济的关键就在于两个方面：一是基础设施，它关乎着基础设施的完整性和进度。因此，便利的通信网络设备和流行的智能手机是消费网络爆炸性成长的基石。二是指数，它与后续的增长潜力和空间发展有关。唯有产品不局限于存量，同时不断开拓新市场和提高生产能力，并及时进行产品开发，方可为企业拓展更丰富的成长空间。近年来，数字经济的发展取得了举世瞩目的成果，带动世界经济的蓬勃发展，使全球经济进入新的发展阶段。但是，随着市场在红利尾部扩张期的特征逐渐明显，对基数和指标的影响也受到了限制，在受限的情况下更加需要注入新的活力来发挥更大的作用。

（一）数字生产实施稳定基础对策

对于更高级的产业网络而言，尽管上一次科技红利为消费网络的渗透提供了坚实的基础，但是依然需要更强大的数字生产力工具的支持。5G、大数据中心、人工智能、现代工业网络等是中国数字基础设施的发展重点和关键性目标。长期以来，传统制造业产生了许多亟待解决的关键问题，主要体现在市场分散、产能利用率低等方面。

（二）数字化发展的多重障碍

我国传统工业的数字化程度一直偏低，主要是由于生产复杂度比较高。这不仅是产业链很长的问题，同时还必须兼顾材料、工具、人才、资金，以及上下游各种资源的综合情况；而且公司内部又存在错综复杂的利益联系。但是，由于商业信息的机密性与重要性并不在同一个等级上，所以它们之间不存在可比性。集中式设计的互联网技术因为与实体资产间的连接不够，计算能力也承担不了如此庞大的产业信息流，因此该项设计还有很大的改进与进步空间。如今，物联网、云计算技术及区块链科技都可以冲破这一阻碍。分布式计算在实现了一个各方共同认知的完全加密信任机制的同时，还增加了对海量信息的管理，使互联网技术得以发挥更大的功能。

（三）提高数字经济指数效应

在新的信息基础设施支撑工业互联网的运营架构下，生产公司将在生产链上形成网络拓扑，对供求关系进行精准调节和配合，并逐步形成新的经营管理模式。而提高这一指标的主要对策就是寻求公平的数量生产关系。生产力决定生产关系，生产关系也制约着生产力。在数字经济中生产力“乘数效应”的实现，取决于正确地处理生产力与生产关系的关系。工业互联网对数据信息的垄断也造成了市场三重不公平，即发展中国家与大公司之间的国际竞争优势不公平、客户与公司之间对数据信息的控制力不公平，以及数字经济大国与数字经济弱国之间的信息规范制定能力不公平。一旦缺乏平等、公开的竞争环境，则数字经济运行的指数将逐步减弱。所以，除积极促进实体经营机构进行数字化转型外，更要求监管部门在整个行业秩序重建中起到引领作用。

第三节　数字产业新价值的具体表现

数字经济的理念被越来越多的人接纳。数字经济的发展离不开信息技术尤其是移动互联网的广泛运用，也离不开传统的社会经济逐渐智能化、数字化。本节主要梳理数字经济发展的重大节点和历史性变革。

一、产业数字化的五大着力点

产业数字化过程是指企业在新型的数字技术的发展和推动下，以数据分析为要素，以经济价值产生为核心内容，以数据分析赋能为主线，对产业链上的所有基本要素实现数字化提升、转化与再造的过程。在企业推动数字化的过程中，产业数字化过程主要有以下五大着力点，如图 4-12 所示。

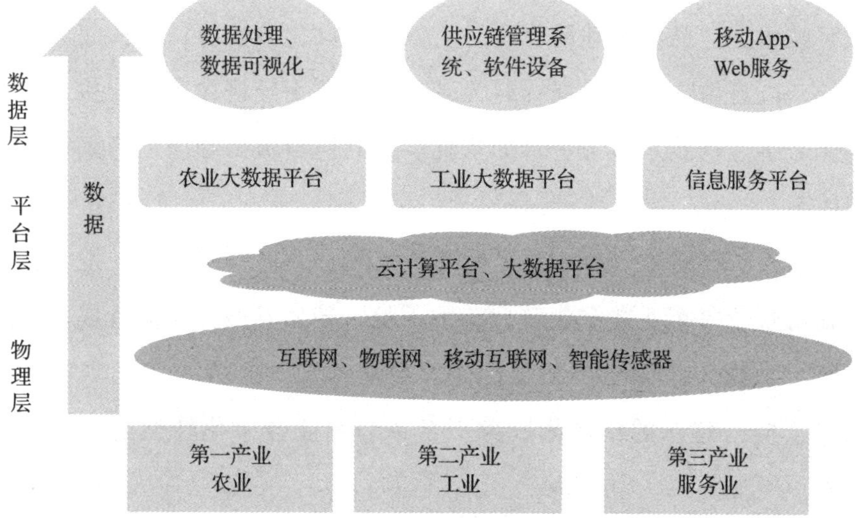

图 4-12　产业数字化

第一，以数据要素为核心。数据资料已经成为当代企业价值创造的核心要素和数字经济技术发展的新引擎，在数据要素的基础上，应精确地贴近顾客的需要和重塑顾客需求，并创造新的商业运营模式。越来越多处于数字经济转型期的企业期待借助数字化实现工作能力的提升或弯道超车，使企业在市场中占据重要地位。

第二，适用技术性服务平台。技术性服务平台在产业数字化进程中发挥着产业要素资源连接器、企业由自转向共转加速器、新型虚拟组织形式孵化器的积极作用，是产业数字化转型的“辅助工具”。

第三，品牌价值。作为企业的潜在性财产，品牌价值在顾客引流方法上具有特殊的意义和功效。加速品牌价值在线上线下的迁移和结合，运用持续变动的数字技术使传统制造业的品牌价值释放出新能源技术、新使用价值，使品牌价值成为产业数字化转型的新“闪光点”。

第四，绿色生态相互融合。融合是产业数字化的实质，将来产业数字化推动生态发展将更多依靠绿色生态共创方式落地。传统企业和数字技术企业已经加速跨界融合，以实现共生共赢。探寻构建融合共生的、以自由移动的数据资料为基础、以数字经济技术为连接、以多元化数字经济技术服务平台为依托、以共同价值为导向的新兴产业生态体系。

第五，政府部门精准地运用现行政策。政府部门的精准发力有利于化解现阶段企业数字化转型能力不足、转型发展更新改造成本相对较高、数据人才储备不够等问题。政府部门为产业数字化创造良好氛围，应搭建新的集成化服务平台，为企业数字化转型给予全天候服务。

专栏3

奈雪的茶：产品迭代，迸发新价值

奈雪的茶创立于2015年，总部位于广东省深圳市，隶属于深圳市品道餐饮管理有限公司，其创新打造“茶＋软欧包”的形式，以20～35岁年轻女性为主要客群，坚持“茶底4小时一换、软欧包不过夜”的经营理念。2019年7月2日，奈雪的茶入选“中国茶饮十大品牌”。截至2020年9月30日，奈雪的茶门店数量达到422家，所有门店都是直营店，不接受加盟。奈雪的茶的出现，打破了过去对茶饮市场局限于低中端品牌的固有认知，通过专注提供利用优质食材现制的创意茶饮，选择城市高端商业中心的核心位置，以及提供富有设计感的体验空间，奈雪的茶走出了一条高端现制茶饮的发展路线。这既是品牌创新的成功，也是茶饮品牌高端化的成功。

一、打造产品亮点，沉淀新的价值

从2020年3月开始，奈雪的茶就开始了“月月上新”的节奏，全年在咖啡、茶饮等现制饮品里共计上新30多次，包括烘焙、零售产品在内，全年推出100多次新品。

2021年，茶饮品牌需要“造物能力”。随着行业的成熟稳定，茶饮的颠覆性爆款也许少了，但令人惊喜的新品还会频频出现。其在供应链和原料端的改造难度或许没那么大，但对概念和创新的要求极高，需要品牌有足够敏锐的市场洞察力、反应速度、创意输出。在奈雪的茶2020年的产品里，已经体现了这样的变化，如图4-13所示。

二、创新研究及数字化

透过现象看本质，在每一个新品背后，对品牌创新力的要求越来越高。

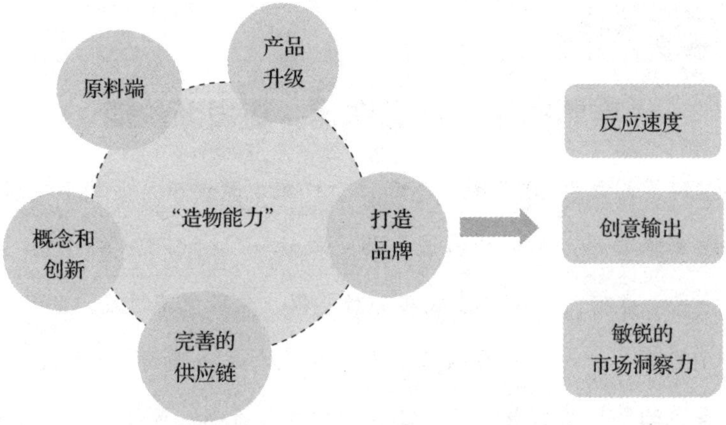

图 4-13　产品创新

新式茶饮行业应该具备更多元化的创新模式，使产品不断推陈出新，让消费者不断地接触新鲜事物，从而加强用户黏性。另外，也要不断丰富自身产品的研发能力，确保不会因为创新环节受限而带来压力。奈雪的茶不断推出鲜果茶新品，并结合地域特色、鲜果特点及产品口感，为大家展示更具象、更可观可感的国风融合。

如何保证全国所有店面的供应链系统实现自动化和智能化是奈雪的茶面临的一个重大问题，奈雪的茶的数字化分为两部分：一部分是面向消费者，奈雪的茶超过 70% 的订单来自线上；另一部分是利用自动化及数字化，做好门店的生产和决策。自动化、数字化是奈雪的茶在很长一段时间内提升效率的核心。目前，奈雪的茶包括供应链、人事、训练、门店管理在内的诸多系统都已经换上了自研系统，门店之间实现了数据的初步打通。

三、启示

奈雪的茶在创立之初便致力于成为茶文化走向世界的创新者和推动者。为了让具有 5000 多年悠久历史的茶文化焕发新的光彩，奈雪的茶一直默默地在努力：坚守匠心，不断打磨制茶工艺，通过品类创新、产品创新、体验创新的新式茶饮，用颜值、口感、体验获得年轻人的青睐，并将中国茶文化创新传承下来。就新茶饮而言，产品是让消费者直观感受最强的途径，因此在产品的推新方面，奈雪的茶做足了功夫。随着茶饮行业不断发展，各品牌不断推陈出新，随之而来的竞争压力也越来越大。在这样竞争激烈的环境中，奈雪的茶积极创新，逐渐实现产业化转型，为自身发展寻求更好的途径，创造出更高的价值。

（资料来源：笔者根据多方资料整理而成）

二、数字产业的七大行业

数字经济在不断地促进生产方式、生活方式和经济管理方法做出巨大的变革，成为重构要素资源、重塑经济构成体系、改写经济核心竞争格局的关键性动力。图 4-14 为数字经济推动数字产业发展。

第一，云计算。云计算是一个按使用量付费的方式，通过这个方法可以提供可用的、简单的、智能的、按需要的互联网访问，从而加入可选择的计算资源共享池（包含互联网、数据库系统、使用管理软件、咨询服务）。只需要进行极少的信息管理，或者和服务供应商进行很少的沟通互动，就可以快速得到自己想要的信息。

第二，大数据。大数据分析所能够进行的具体应用可总结为两个方面：一是精确化定制，二是预测。所以，就像使用互联网搜索引擎查找相同的信息内容，每个人得出的结论大不相同。又如，精准地推广、百度看点的推荐、淘宝的喜好介绍，或者当你到了某个区域，大数据分析就会自动地为你介绍附近的消费设施或者服务娱乐场所等，这些都会促进消费。

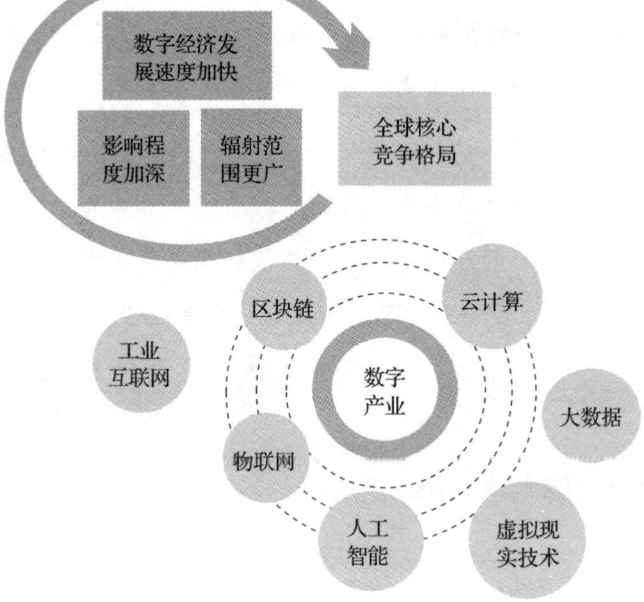

图 4-14　数字经济推动数字产业发展

第三，虚拟现实技术。即时测算照相机图像的具体位置和视角，该图像的技术于 1990 年初次明确提出。其应用多种方式，将电子计算机形成的模拟目标或关于真正目标的非几何图形信息累加在真正的情景之中，其本质是企图用虚拟的事物取代真实的世界。

第四，人工智能。在电子科技产业和计算机技术应用领域，以计算机技术为基础，生产各种新型的能以人类智能相近的方式做出反应的智能机器，其设备主要表现个人行为。

第五，物联网。物联网是指利用 RFID、红外传感器、智能定位体系、激光扫描器等信息传感器件，按照约定好的协议，将其他物品或者设备与网络直接连接起来，以实现智能数据交换或者智能通信，并进行智能辨识、定位、追踪、控制及信息管理的一个网络。

第六，工业互联网。工业互联网的实质是利用开放式的、智能的、全球化的工业信息平台，将装置、生产线、人员、厂房、库存、企业、市场和用户等紧紧地连接起来，从而获取工业生产整个过程中所有的要素信息，使之逐步趋于数字化、网络化、自动化、智能化，进而实现质量的提高和成本总额的降低。

第七，区块链。区块链也是电子商务技术中的一个重要工具，主要包括分布式的系统数据保存、点对点数据传输、共识化机制、加密技术等。实质上，它是一个去中心化的数据库账本，是应用加密学的方法连接在一起的一系列数据信息块。

三、数字经济将连接更多资源

数字经济和实物经济总是处在相互利润分配的动态平衡中。因为数据经济作为一个产出要素，所带来的价值和实物经济不可分割。就产品结构而言，数据价值确实占据着对人力资源、生产资金等传统生产要素所提供的价格，且其总价值也有所增加。但是，由于现代科学技术的提高，成本也大大降低，对传统生产要素所赋予的价格也就自然地日益减少。所以，数据价值创新实质上是对传统经济利润分配方式的改变。

第一，将新的六维空间从连接人延伸到连接资源。新六维空间论认为，你和任何一个陌生人之间所间隔的人不会超过六个。也就是说，最多通过六个人你就能够认识任何一个陌生人。在网络时代，互联网公司将成为这一概念的重要参与者，并发挥社交互联网的重要作用。值得注意的是，互联网的发展方向已不再局限于人的六维空间，而偏向于释放各种信息互联和集成的能力。应该看到，互联网的革命性转变将由原来的上下游间的垂直联系延伸至整个网络拓扑。

第二，形成了由流动到诚信的合作共识。由于原来的六维空间以连接个人居多，以流动为内核，平台经济的模式也较为稳定，即通过垄断流动，建立专属的社会生态。当人的六度网络延伸至产品、企业或更多的资源时，交通的不可替代性也将会降低。而怎样连接更多资源，并提供协作共赢价值，已成为各界广泛关注的问题。于是，现代网络的经营模式揭开了由竞争博弈到协作信任的序幕，并探索了相互信任、互惠互利的商业价值。

第四节　产业数字化的背景与现实作用

从传统产业的经济时代进入数字经济时代，全球的经济结构产生了全面、革命性的巨大变化，数字经济已成为推动经济转型、促进经济优质高效发展的关键支撑与引擎。而工业互联网数字化科技则成为数字经济的重要阵地，其主要使用大数据分析、新型人工智能、网络、物联网技术和新型数字与信息，对中国传统工业生产链上中下游的全部要素进行互联网数字化技术的提升、转化与再造，从而促进了中国传统产业价值创新并实现了提升产品质量、降低生产成本与增加生产效益的目的。

一、产业数字化的背景

人工智能应用的发展趋势，以及信息系统软件、大数据、云计算技术、量子通信等数据信息解决技术性、高级信息通信技术的运用，提升了数据处理效率，进一步提高了数据处理的自动化、智能化水准。

专栏 4

网易：数字经济就是未来

网易（杭州）网络有限公司（以下简称网易）成立于2006年6月2日，位于浙江省杭州市，法定代表人丁磊，经营范围包括计算机软件、硬件和网络通信产品的开发、生产、互联网门户技术、电子商务技术、电子出版技术的开发、服务等。

一、加强“网易产业技术数字化出口”

近年来，随着浙江省“10万企业云计划”的启动，杭州成为“数字经济第一城”，以阿里巴巴和网易为代表的地方企业不断深化“数字产业化”布局，通过服务为企业积累云计算、大数据和人工智能能力。从互联网内容安全到大数据分析，从智能物流到工业互联网，网易云逐渐成为中小互联网企业和传统企业的数字基础设施。

网易已经开始实施国家提出的数字产业化和产业数字化。前者包括一系列技术产品，后者包括全国建立的网易联合创新中心和科技创新城。研究表明，数字化程度每提高10%，人均国内生产总值就会增长0.5%～0.62%，这已经成为吸引各地互联网巨头的原因。

2016年以来，网易启动了联合创新中心项目。网易、地方政府和合作运营商将共同打造技术创新创业服务平台，识别和服务地方创新项目和企业，促进区域产业升级。杭州网易联合创新中心由网易和“创想+”共同创建，以“数字工业化、产业数字化、城市数字化”为主线，加快新旧驱动力转换，助力萧山打造首个产业数字园区，成为杭州首个数字经济城市的先锋，如图4-15所示。

图 4-15　全球数字经济发展的新趋势

二、驱动数字化转型的“三驾马车”

网易多年来在培育企业服务领域的过程中发现了“三驾马车”在推动数字化转型。2019 年 5 月，网易成立了智慧企业部，先后整合推出了网易云信、网易企业信箱、网易七鱼、网易云企业类、网易定位等产品。网易的业务出现了一个新的架构，升级到其中一个定向业务部门。

不同的行业有不同的需求，网易智能企业部根据客户需求提供个性化解决方案。网易智能企业的部分业务，如网易云信，可以提供公有云、私有云、专属云和混合云等多种部署选项，可以充分利用 PaaS 服务灵活性的优势。除知名的公共和私有 ClO（云计算）专有云服务解决方案外，将客户的资源隔离在公共云中，还可以在更多应用场景中提供定制的支持和服务。此外，网易智能企业积极与合作伙伴联手，希望在自己擅长的领域内扩大市场份额，同时与价值链的上游和下游广泛合作，成为细分领域的“隐形冠军”，服务于客户的整个生命周期。驱动数字化转型的“三驾马车”如图 4-16 所示。

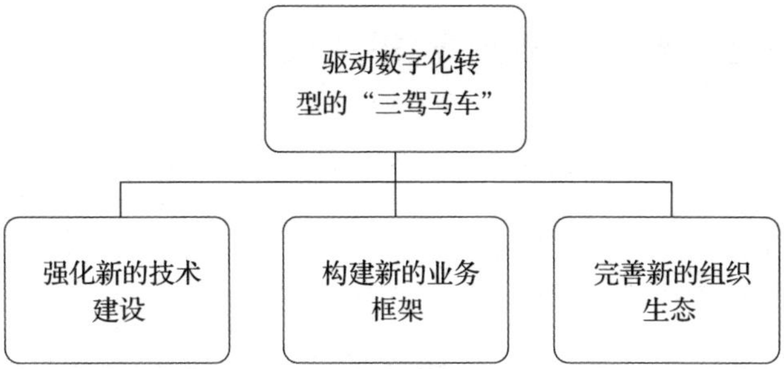

图 4-16　驱动数字化转型的“三驾马车”

三、启示

自成立以来，网易一直坚持创新，通过创新来满足新兴消费者的需求。从成立网易邮箱，到如今涵盖游戏、在线教育、音乐、电子商务和媒体等商业领域的产品矩阵，科技是网易持续发展过程中最强大的动力。未来，网易将继续投资研发，以科技的力量为用户创造更美好的生活，推动数字经济进一步升级。

（资料来源：笔者根据多方资料整理而成）

二、产业数字化的现实作用

（一）升级产业结构，促进产业提质增效

产业数字化对传统产业要素实现了更新、集成、升级，推动了传统产业要素优化配置和传统生产方式的转型。它将提高产品生产加工全流程的自动化和智能化水平，有效减少产品的开发时间和成本。在生产工具方面，智能化机器人将高速发展，推动产品提质增效，实现生产力水平的跨越式提升。

（二）塑造可视产业，提升战略决策能力

产业数字化产生了数据可视化的行业机构方式，完成了经营者、顾客、经销商、机器设备和商品的数字化，变成信息的“结合池”和网络资源的“配对器”。每一个参加的行为主体不但可以了解与自身有业务流程关联的合作方，还能够确立、鉴别与自身有间接关联的各种行为主体，从而制订出准确的经营战略，快速提升企业的运营能力。

（三）提高企业的效率和效益

产业数字化打破了传统制造业的生产周期和生产过程，使企业可以利用互联网技术的数据联网控制打破时间限定，为更普遍的客户和消费者提供产品和服务，提升企业的生产效率，扩大企业的生产规模，使企业可以高效地运用当代信息技术的精确性，提升生产制造、运营的效率及产品和服务的品质。

（四）孕育新模式、新业态，加速数实融合

数据资源将不断衍生个性化订制、智能制造、互联网协同、服务型生产等新模式、新产业，将促进中国建立以数字与实物产品深度交互、以物质与信息技术高度耦合驱动的全新经济发展模式，并持续引发商业模式革新，已成为在互联网等新型领域中推动服务创造产品附加值、提高企业核心价值的巨大推动力。工业互联网数字化的发展将逐步促使数字经济和实体经济的深度融合，并成为构建现代化企业的管理体系、实现工业经济高质量发展的关键途径。

章末案例

字节跳动：打造新型商业模式，赋予产品新价值

近些年，世界各地都在大力推广数字经济，中国也激励各领域将人工智能技术、互联网大数据等新一代关键技术应用于农牧业、诊疗、生产制造、金融业等，促进企业产业链的战略转型。在这个环节中，一些公司事先了解到了数字经济的必要性，技术性发展趋势加速，数字经济的范围也越来越大。在互联网大数据得到高度运用的网络时代，随着顾客的个性化要求不断增多，许多公司正从致力于设计产品、开发设计和生产制造转为以消费者为前提来制订产品方案。因此，根据信息资产自主创新，以用户需求为中心的新思维成为企业突破重围的要素之一。

一、公司介绍

字节跳动公司（以下简称字节跳动）创建于2012年，是北京的一家信息技术企业，是中国首批将人工智能运用到移动网络场景中的高新技术公司之一。字节跳动一直认为产品创新是提高企业竞争力的重要途径，认为只有注重创新，才能在激烈的竞争中找到自己的位置，创造出适应时代的产品，提高用户体验。字节跳动的产品主要是各种新媒体应用，包括今日头条、西瓜视频、巨响、头条百科全书、虾皮、了解车地、悟空问答等，形成了线上线下相结合的全新传媒矩阵。字节跳动的长期愿景是建立“全球创作与交流平台”，其全球化布局开始于2015年，“技术出海”是字节跳动国际化发展的核心策略。随着国际竞争的日益激烈，字节跳动将逐步把商品和广告内容投送至候机厅、公交等线下的广告宣传屏幕。

二、创新盈利模式，再现产品价值

字节跳动通过完整的大数据分析计算系统更新迭代产品，使用户数量和使用时长持续增加。2020 年 1 月，中国抖音日活动用户数量超过了 4 亿。这种大基数的流量是怎样为企业赢利的呢？现通过分析对其商业模式进行具体探究，如图 4-17 所示。

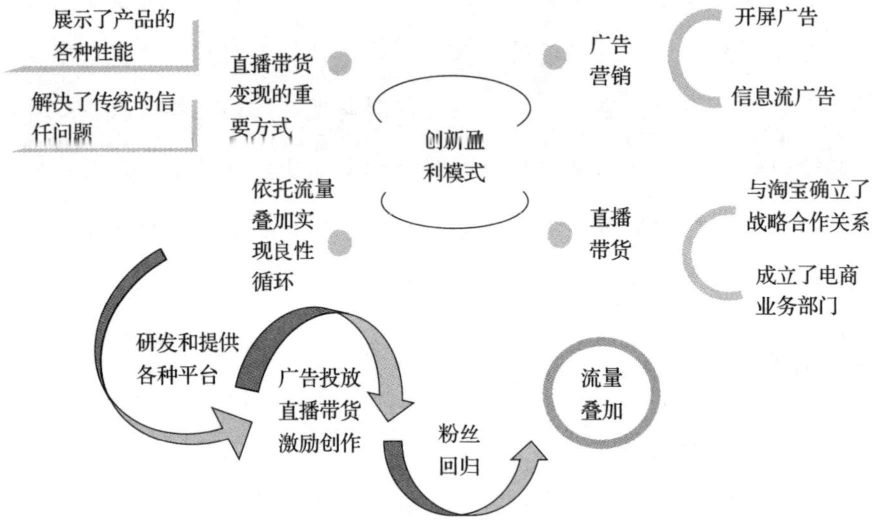

图 4-17　创新盈利模式

1. 依托流量进行广告营销

一是屏幕上的广告。在倒计时模式下的 App 首页展示了 5 ～ 10 秒的广告内容，由于首页必须让所有用户都看到，所以公开的广告内容能够引起众多用户的关注。开屏广告的收费主要有两种方式：其一，视每日播放的时段而定；其二，以广告邮寄的形式收取。

二是流动信息。在数字经济时代，流动信息成为一项巨大的、能够直接变现的资源。粉丝能够随时从幕后查看程序，并根据用户观看与发布相关视频的实际情况，迎合当下消费者对碎片化网络娱乐的需要。由抖音所创造的博主，通过自己对账号中的人物设定进行信息的制作和发表，并借此来获得粉丝的关注。有了一定的粉丝基数之后，就会有广告商和博人的配合，利用剧情、测评等手段进行宣传插入，从而达到盈利的目的。

2. 依托流量开发直播带货

2019 年，字节跳动与淘宝确定了战略合作伙伴关系，让字节跳动真正实现了与互联网电商企业之间的价值共创。由于与淘宝电商企业更为广泛的加盟关系和协作，字节跳动也进行了对电子商务领域团队架构的调动，率先在内部团队中组建了淘宝电商部门，同时也为淘宝搭建了引流接口。而淘宝的电商平台供应链也促进了字节跳动的流量变现，二者的融合形成了“短视频 + 电子商务”的全新商业模式。

3. 直播带货作为流量变现的重要方式

直播带货比传统图文形式更为直观，通过直播带货解决了传统销售中消费者的诚信问题。一般消费者则更偏向于选择知名主播介绍的商品，而这种消费心态形成的主因则是平台建立在粉丝经营下的交易与信任模型。当粉丝们走进视频直播后，被平台内容和直播所营造的“沉浸式”气氛所吸引，各大主播的直播带货方法也在不断创新，包括以低价派发的各种福利、剧情扮演及邀请当红艺人合作等。

4. 依托流量叠加实现良性循环

字节跳动的运营方式是以人工智能的技术手段来开发的应用，主要的利润来源可分成两种：一是企业提供的直接利润；二是通过和第三方合作获得的间接收益。人工智能技术给企业提供了巨大的利润，字节跳动运用大数据算法使旗下公司有很大的盈利潜力。字节跳动开发并推出了各种产品，在拥有稳定的粉丝基数后就开始通过广告投放、直播带货、激励创作等方法进行流量变现，当粉丝获得满足后就可以返回平台。如此流程就完成了流量的叠加，而流量叠加也为其变现奠定了基石，使字节跳动的商业模式在一个良性循环中不断地进行优化和提升。

三、发展自身优势，立足电商行业

据外卖平台的内测，字节跳动将会继续向新居民消费应用领域进行冲锋。在落下了电商这一步棋之后，其也将开始在电子商务应用范畴展开对其他居民消费类的投入。与此同时，新消费也为字节跳动的融资新风向做好了“抖音互联网电商平台＋企业服务＋资本”的准备，从而形成了完整的生态化融资闭环。以无界闻名的字节跳动，在布局新的消费行业上却采取了多链条切入的方式。而字节跳动布局的新消费领域包括自营与融资两大方面。其中，在自营领域将分别发展随我小酒、桃源玉叶等新业态，在融资领域则发展直投、LP。左手自营、右手融资，字节跳动在新居民消费应用领域可谓全力以赴。总体来看，字节跳动整体格局一方面是要建立自身的新消费生态，另一方面还要搭建投资平台。在策略方面，字节跳动将大力发展电子商务、拿下交易品牌，如图 4-18 所示。

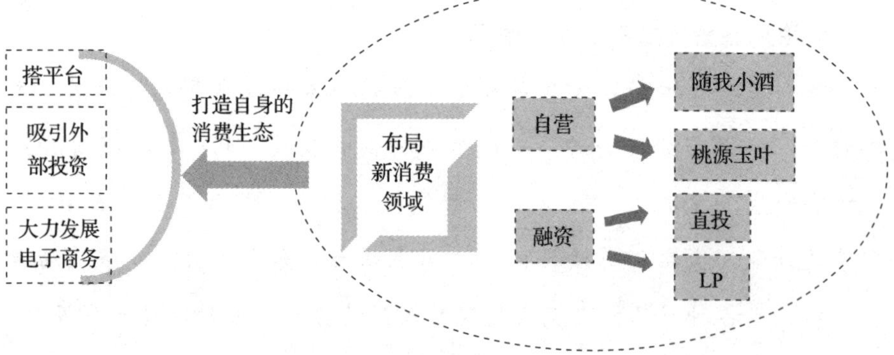

图 4-18　消费领域的布局

四、启示

第一，挑选引进总流量的途径。企业可以从源头上掌握顾客资源，记录用户选购的习惯。伴随着用户习惯的持续塑造和相应功能模块的改进，为企业积累丰富的资源。

第二，创建战略伙伴关系，提高产品价值。在提升管理效率的同时，企业应将精力集中在平台的搭建和开发设计上。

第三，运用多种能量完善自己的全产业链。企业可将信息制作等项目外包给MCN，专注于产品升级和产品研发等业务流程，不但能填补有关适用设备的缺陷和不足，还能弥补平台的管理低效率。

（资料来源：笔者根据多方资料整理而成）

5

第五章

数字生态：协同生态，点亮前景

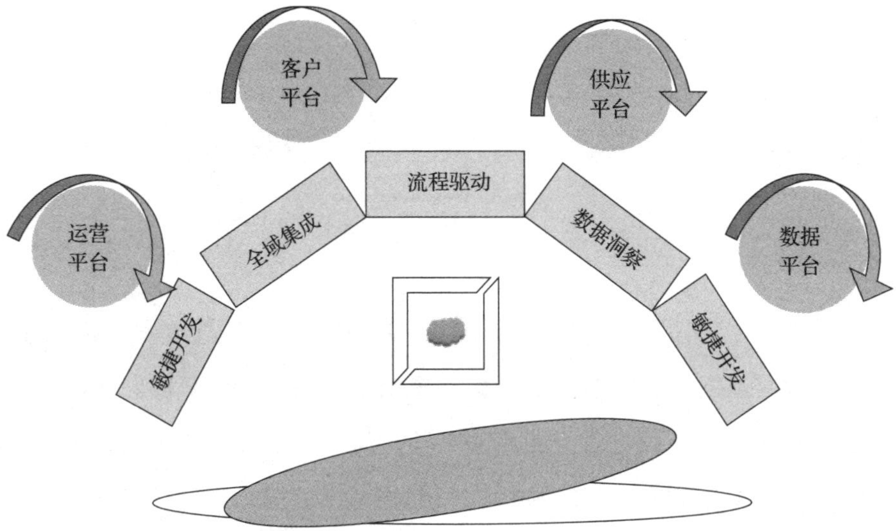

开篇小语

目前，我国的数字业务和实体行业融合的主要力量来源于移动互联网，但是我国在数字化转型方面仍存在一些问题，如在产品供给侧、产业链中存在不均衡、不完整、不深入等问题。加速完善数字生态系统建设迫在眉睫，必须通过构建核心大数据、数字产业平台等网络基础设施，完成对数字业务、商业模式、服务内容等各利益相关者的大数据融通，有效提升数字信息技术的利用率和推进数字化业务的自由访问，并深入拓展数字生态新前景。

数字时代有三个鲜明特征：一切皆可编程，万物均要互联，大数据驱动业务。其本质是软件重新定义世界。互联网发展的下半场是产业数字化，其主要场景是新一代智慧城市、工业互联网、车联网等，主角将是各级政府和传统企业。

——360公司创始人 周鸿祎

开篇案例

数字政通：用科技护航“生命线”，筑牢城市安全底座

数字时代悄然到来，我国把打造数字经济生态圈作为重点，提升数字生态建设水平，成为建设数字中国的内在条件。通过对数字生态、数字社区和数字政务服务的有关内容和建设状况的深入研究，从数据基础、数字环境、数据运用三个层面，建立了反映国家区域数字生态建设情况的综合评估框架，同时创造性地运用强大的统计分析技术，借助我国代表性机构海量信息研制的分项数字，利用熵值法综合计算我国的数字生态指标。通过全方位、深层次地描述我国各省份数字环境的建设规模、发展方式、区域布局、发展强度和基础状况，为全国各地构建数字生态体系、实施信息化国家战略提供了决策支撑。

一、公司简介

北京市数字政通技术股份公司（以下简称数字政通）创建于2001年，2010年在深圳证券交易所挂牌，是我国领先的智能化都市应用和企业管理信息技术服务供应商。其以“革新数字城市，造就政通人和”为己任，目前已为北京、上海、天津、成都、广州等多家大中城市用户提出和实现了完整的数字化城市系统解决方案，在网格化城市规划建设管理工作、网格化社区管理、都市综合执法管理、综合管网治理、国土资源管理、综合城市规划建设管理、城市公共治理和信访管理等城市规划建设管理领域有丰富的客户服务应用案例。而且，为

了适应日益提高的客户服务要求，数字政通还开展了二维/三维基础地理计算数据分析、都市实景图像数据分析、建筑部件数据和居民住宅数据分析等城市核心应用数据的收集、普查和管理等工作，以及符合数字城市信息管理操作标准的专业服务外包、座席托管和各种增值业务。

城市安全隐患较多，成因复杂，涉及建筑工地、燃气泄漏点、供热供水管线漏水等方面。其中，以路面塌陷、燃气泄漏等事故尤为突出。城市安全事故之所以时有发生，主要是因为地下管线、地下空洞等均隐蔽在地下，常规巡查不容易被发现，也常常容易被忽略。所以，必须利用大数据普查摸清家底，实现“家底清、底数明”，并开展有针对性的隐患专项排查。目前，各地正在推进的专项排查主要围绕以下几个方面：地下空洞探测、隐蔽管线摸排、燃气泄漏专项检查等。同时要建立健全安全与风险台账，按照分类等级进行严格监管。

二、数字政通电子通行证让防疫更高效

针对新冠肺炎疫情，数字政通研制出了网格化社会流感防治管理系统，其中电子通行证极大地提高了管控效率，方便了人员流动管理，有效避免了高风险区域人员流入低风险区域，造成大面积感染等严重问题。数字政通运用图像识别与视频融合算法，结合5G、大数据分析、卫星定位系统等先进科学技术，通过移动车辆、民用无人机、固定点位视频系统等载体，对人们的出行活动实施定位控制，并严格监督高风险区域的人员流动，根据不同问题和场合进行全方位、转变式管理，控制效能较传统的人工管理模式提升了8～10倍。此类产品已获得了不错的社会反响，小到在各地社区疫病防治中，可以辅助基层人员对小区住户的出行情况实施登记管理，合理管控社区人员出行，让小区居民出行

安全、便捷；大到实现整座城市不同区域的合理管控，既能保证居民日常流动，又能及时隔离高风险区域人员，促进城市正常运行，及时避免人们生活停摆的风险。群防群控流程如图 5-1 所示。

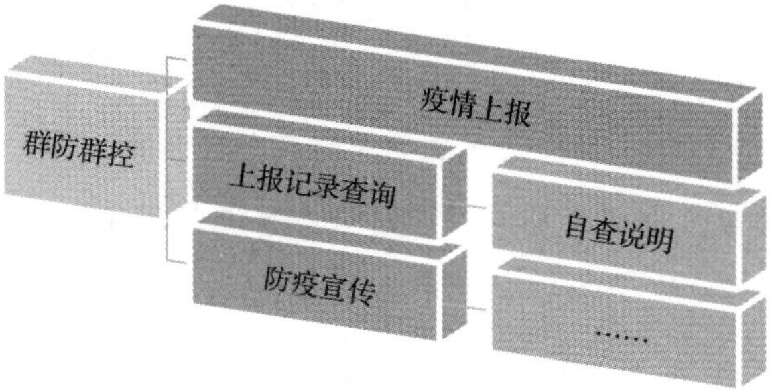

图 5-1　群防群控流程

显然，电子通行证的上线极大地提高了疫情防控效率、通行效率，真正给人们创造了安全、便捷的生活环境，减少了防疫工作人员与业主间近距离接触的次数，极大地减轻了社区、物业公司工作人员的工作量，释放了居民的生活压力，让工作人员有更多的时间为业主提供更高质量的生活服务。数字政通提供的系统二维码可粘贴到各个社区的卡口处，市民通过扫描就可以展示电子通行证，而工作人员只需要按照电子通行证的颜色就能确定市民出行是否正常，在达到通行条件后就可以放行。如若颜色异常便及时转移至隔离区，核实人员出行路径，做到绝不漏掉一个，切实保证其他人员的健康需求。随时扫码随时发现，这样的监管模式减轻了社区工作人员的工作强度，降低了感染风险，是真正便民的好模式。

三、网格化管理将事故隐患消除在萌芽状态

数字政通融入网格化管理的思想，将预防风险的理念注入市政管理模式，树立了抵御隐患事故的概念，建立了符合政府部门监督的高效指挥体

系。要想防范风险，就要真正树立隐患就是事故的观念，将隐患扼杀在萌芽阶段，那么就需要推动城市管理逐步从“被动处置”转向“主动应对”，加快网格化管理系统的建设，推进城市管理系统现代化。当前，数字政通利用大数据、物联网、城市信息模型（CIM）、建筑信息模型（BIM）等现代化科技，收集、整理、利用市政公用基础设施的基本信息及营运情况，促使监管方式智能化，保障了民生事业的安全、提高了管理的效率，加快了事件的处置速度，同时制定了应对紧急情况的措施，切实提高了服务能力。

数字政通利用市政数字化，建成了谨慎化、细致化的市政设施管理体系，同时配备了巡逻、分派、处理、监管、考察的网格化闭环监管系统，利用地上地下一体化的市政数据库实施了数字化全覆盖新模式，从而形成了纵向贯通、横向融合、上下联动的市政营运制度，提升市政监管水平，切实保障了市政公用事业的协调发展，如图5-2所示。

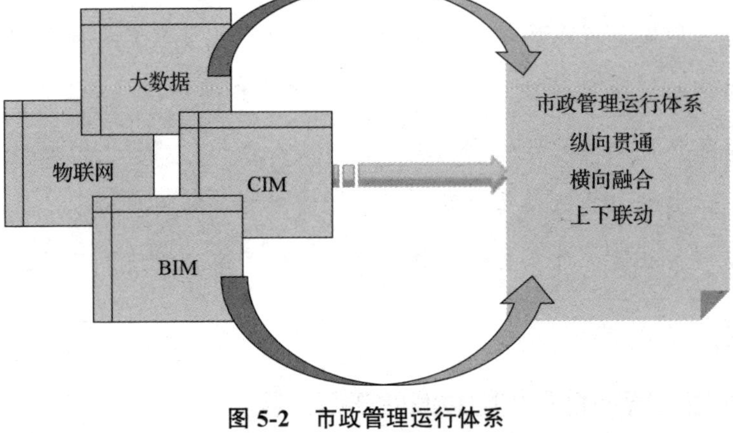

图 5-2　市政管理运行体系

通过分析市政管理模式，查询其中所含的问题，数字政通首次提出了网格化管理模式的新思路，让政府基于权力和责任的网格划分，通过督察App的隐患上报、隐患处置、督导考核等环节对责任主体进行全方位的精细检查，大力排查堵塞漏洞，精准查找问题，对症下药，抵御隐患。采取网格化管理，打破了条块分割、效能低下的限制，实现了统筹管理，满足了中国城市管理改革创新的需求。

四、利用智能化技术提高预警预判能力

当前，数字政通有大数据、互联网、人工智能等前沿技术支持，科研人员已经能够通过新的智能化技术提高行业对风险的预警能力。作为市政基础设施的重要组成部分之一，对地下管线的智能化建设与改造已经是大势所趋。首要任务是利用实时监测得到的运营大数据构建有效的分析模型，而后建立互联网智能感知系统，使其能够实时监控各个风险源的运行情况，一旦出现异常，系统将自动发布紧急预警，并允许处置部门立即进行排查。通过线上实时监控和线下及时排查相结合，隐患安全监管信息化平台将实现安全生产监督管理部门与企业的高效衔接，愈发精准的大数据将提升监测的分析研判能力，能够做到精密有效的隐患预测。

为提高智能市政水平，可将城市信息系统模块（CIM）与城市感知设备融为一体，使用整合了三维的GIS数据实现数据建模，并进行实时绘制引擎，以及将CIM平台的空间分析能力、三维孪生能力等应用至真实场景中，如该系统能够高效查找城市道路塌陷及实时监控道路施工情况，针对使用过程中出现的问题进行场景优化处理，尽可能展现最真实的路况，并提出具体应对举措，以此支撑市政领域驾驶舱等一体化城市管理系统，让市政公用设施的数据充分发挥应用价值，真正做到为人民提供高效便捷的服务，提升智慧市政的管理水平，如图5-3所示。

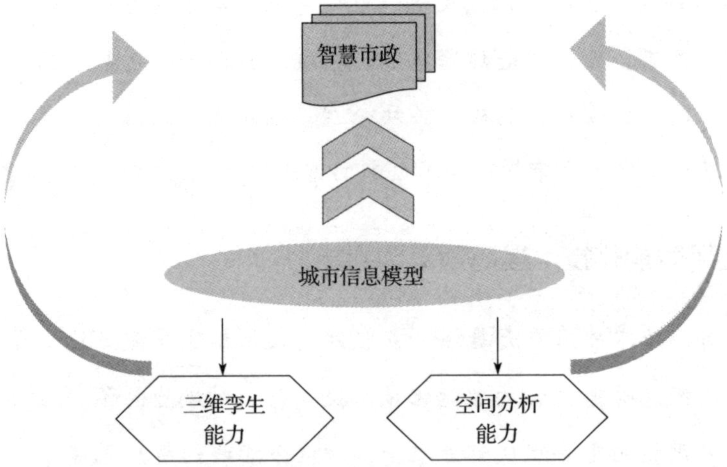

图 5-3 城市信息模型

五、启示

数字政通充分利用前沿科学技术，打造更高效的市政管理平台，现已取得了良好的社会反响，一方面减轻了防疫人员的工作压力，另一方面方便了群众出行流动。除了疫情防控外，数字政通在其他市政服务领域也取得了一定的成绩。

第一，数字政通用前沿科技为生命护航，用电子通行证让出行更安全。新冠肺炎疫情突袭而至，人员流动管控难度大，稍有疏忽就可能引发密集性感染，许多城市都经历过封城，人们的正常生活受限，经济运行基本停摆。数字政通推出的电子通行证有效监控了人员的流动去向，方便防疫人员区分正常活动的居民和隔离风险人员，取得了良好的社会反响，为抗击新冠肺炎疫情插上了信息化的翅膀。

第二，市政网格化管理，及时消除潜在隐患。近年来，数字政通和政府达成合作共识，通过排查城市存在的重大安全隐患风险源，及时发现市政管理模式存在的运行风险，提升了城市有效应对安全事故的风险能力，并采取了全程严格监督，提供迅速应对的一体化解决方案，从而有效增强了城市对抗风险的韧性，积极推动以人为核心的新城市化进程建设。

第三，整合现有科技推进智能化技术的实施，协助市政提高预判能力。安全是一座城市蓬勃发展的基础保障，现代城市对交通、水电气等基本生活设施提出了更高的要求，以上“生命线”元素有任何风吹草动都可能让市民生活停摆、城市运行速度滞缓，因此市政管理需要有预判风险的能力，以便管理人员有充足时间发布应对举措，提高运行效率和安全意识，全面扎牢和谐社会围栏。

（资料来源：笔者根据多方资料整理而成）

第一节　数字生态的到来

当前，数据经济已然形成推进经济社会蓬勃发展的新动能。当今时代，数据技术、数字经济是世界科技革命和生产变革的先机，是新一轮国际重要领域，我们一定要抓住先机、抢占未来发展制高点。要尽快铸造“长板”、弥补“短板”，培养一大批具备全球竞争力的大公司和具备行业控制力的生态主导型公司，形成独立可控的行业生态。例如，中国工业规模持续几年稳居全球第一，拥有门类齐备、独立完善的生产系统，但同发达国家相比，大而不足的问题依然存在。数字技术革命为中国工业转型升级提供了前所未有的发展契机，直接关乎中国工业在未来全球化再分配中如何进一步占据鳌头和可持续发展。要提高中国产业链的竞争力，就必须推进中国数字经济和传统实体经济的深入融合，协同推进数字产业化和产业数字化，加速完成中国工业转型升级，用新领域、新业态、新方法不断提高中国工业创新发展水平，深入挖掘技术生态、产品生态、应用生态的新潜力，形成完整的价值链体系和具备强行业控制力的中国数字经济创新生态。

一、数字生态圈的特征

在数字化技术的发展下，各大行业都在不断建立自身的生态圈，跨行业生态模式也成为常态。数字生态圈表现出了以下特征，如图 5-4 所示。

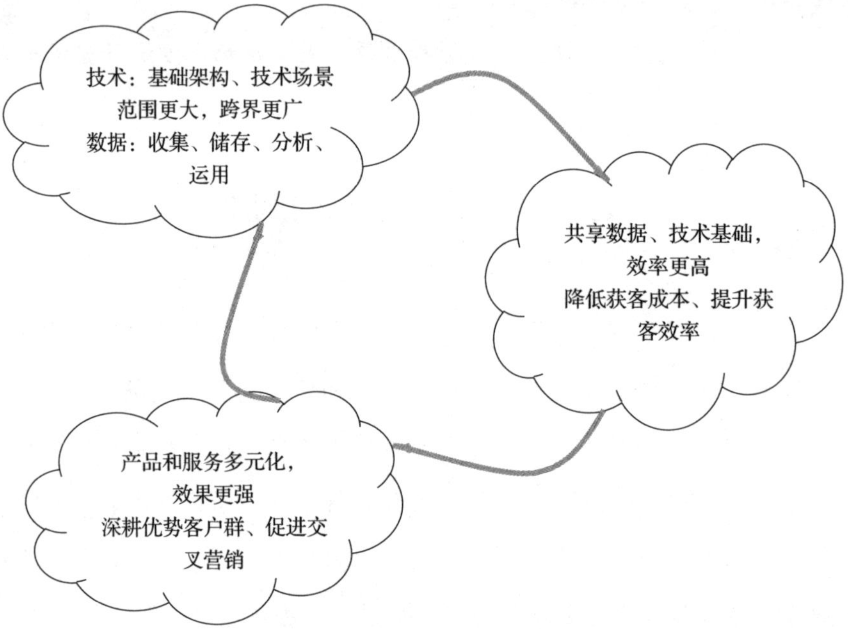

图 5-4　数字生态圈的特征

（一）范围更广，跨界更大

由于数字技术和大数据分析具有普遍性，因此催生了在各种行业逻辑下的共通应用市场与价值。这样的互通性有助于企业在成长发展中突破自身的资源禀赋，以更广阔的视野，探索、构建并参与跨领域的生态经营，从而突破行业上下游的壁垒，与不同行业共融、共成长。

一是在数据处理方面，由于众多的行业都在收集、储存、分析和运用同一或相似类型的数据信息，数据信息资产能够在不同行业间交叉复用。例如，从地产营销行业收集来的客户数据可以作为客户画像，也可能被不属于地产营销领域的大健康行业、保险行业等使用，它们通过对客户数据进行分类，来获取自己需要的客户信息，以便在产品营销活动等经营环节中使用。

二是在技术方面，基础架构、技术场景等基础技术能够在各种行业中被共享，如地理位置定位、消息推送、二维码、人脸识别等。

（二）成本更低

数字化生态的大数据分析与科技基础能够助力各行业全面降低营销成本。例如，客户数据和技术场景的数据共享，让产品能够有效地降低获客成本并提高获客效益。

（三）效果更好

得益于覆盖范围更广的市场生态战略，各行业都能够实现商品与服务充分多元化，扩大顾客旅程触点，从而在每一触点上提高顾客满意度；在深耕优势客户群的同时，积极拓展新顾客群，并促进交叉营销，以便于在战略性指标与经济效益性指标上取得双丰收。

二、数字生态改变各行各业

在大数据时代，任何地区、所有行业、所有企业乃至每个个体都必须进行数字化变革，在宏观上将体现为数字政务、数字经营、数字社区等各种各样的数字生态化。应当说明，数字生态是中国区域数字化发展的必然结果。

为完整、充分、精确地刻画数字生态，我们发挥了大数据的特点和资源优势，形成了数字生态指标。作为对数字生态的评价方法，数字生态指标以多方面的信息资源为依托，经由信息开发、研究、应用等各方面的力量共同投入构建，从数字资源、数字功能和数字应用三个层面体现了数字生态的不同特性。其中：数据资源环境是使信息形成产出要素的保障性环境，包括技术条件、法律条件、生产要素交换条件等；数据功能环境是让数据实现信息价值的功能性环境，包括技术手段、人力资源条件等；数据应用环境是让信息的价值能够有效变现的信息使用环境条件，包括政府领域、商务领域和人民生活领域条件等，如图 5-5 所示。

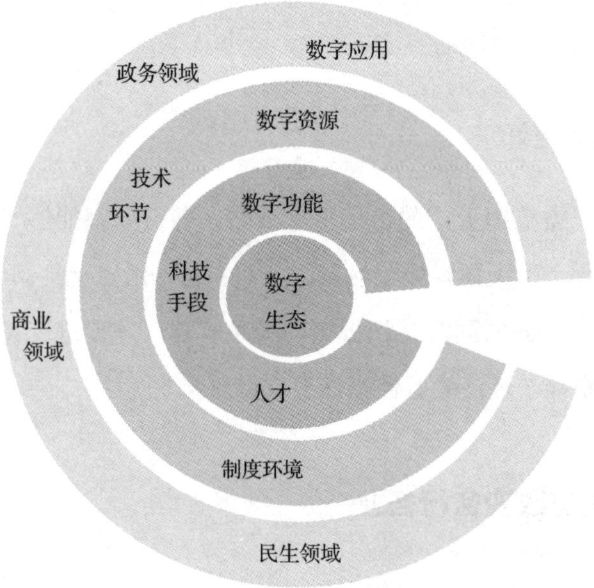

图 5-5　数字生态领域

中国应当推动数字经济和实体经济的融合发展，建设出在全球具有较强竞争力的数字化产业集群。这也象征了中国实体经济、数字经济和网络经济之间的融合发展，成为中国未来经济发展的关键，这就需要进一步构建优异的数字生态平台系统，以此为基础实现深度融合。

以旅游业为例，在数字生态化进程的影响下，旅游业通过文化产业与数据平台互相融合的方式，形成了一种数字文旅的全新发展态势。数字文旅实质上是利用网络信息技术及大数据平台，逐步打破传统旅行文化所面临的行业界限，保证旅游行业及与养老行业当中所涉及的服务内容与服务产品都能够向着智能化与数字化的方向发展，从而构建出一种线上与线下融合在一起的虚拟化产业。由于这种产业集群具备虚拟化特征，其内部也存在着多种优势。首先，通过数字文旅的方式能够更加高效地获得更多的服务供应商。其次，通过数字化技术可以将原本的旅游供给侧转型为虚拟化的产业集群，其中主要是将大数据平台与大数据技术作为基础，这对于提高用户自身体验等方面起到了至关重要的作用。数字文旅中还融入了金融业，并与文旅数字资源之间进行了高效的整合与共享，对金融与旅游的数字化融合发展起到了良好的促进作用。因此，需要进一步明确其在金融领域及旅游业中所创造出的巨大价值，并应用数字生态平台，进一步探寻全新的文旅金融服务体系构建思路，确保其能够取得预期中的经济效益及社会效益。

专栏 1

创维数字：数字家庭解决方案提供商

创维数字股份有限公司（以下简称创维数字）是致力于为国内外

客户带来全方位系统的数字家居方案与产品的全国级高新科技民营企业，其围绕新一代信息技术、超高清视频产业、汽车智能电子、工业互联网、“互联网＋运营”等新兴产业展开布局。基于世界领域内网络IP化、光纤化、智能化，5G技术创新应用，超高清视频产业在终端呈现、网络传输、行业应用等的推广，使创维数字分成了智能终端、宽带设备、专业显示、运营服务四大业务板块，致力于构建“超高清及智慧互联＋数字生活”。创维数字成立于2002年，于2014年深圳证券交易所上市，其高度重视科技研发和自主创新的能力，具有丰富的科技沉淀和人才储备。创维数字曾连续获得“国家规划布局内重点软件企业”“国家火炬计划重点高新技术企业”“国家知识产权优势企业”“国家高新技术企业”“中国软件业务收入百强”“广东省战略性新兴产业骨干企业”等奖项。

一、OTT平台：转屏更自由

OTT的主要特点是转屏，目前的转屏技术包括DLNA、AirPlay、Miracast等一系列私有的转屏技能，转屏能力在家用娱乐、商业办公等方面具有极其广阔的使用前景，如图5-6所示。

DLNA（Digital Living Network Alliance）是索尼、英特尔、微软、谷歌等共同倡导的，旨在实现智慧设备的互联网交流，让数字媒体文件能够更随意地在各种设备之间传播、共用。AirPlay是由苹果研发的无线共享技术，利用AirPlay能够更便利地在各种类型的iOS设备之间进行无线传递文件。Miracast是由Wi-Fi联盟于2012年制定的，Miracast的使用者能够在大屏电视机上观看从智能手机拍摄下来的图片，以及使用会议室投影仪的共享笔记本画面，甚至可以在平板手机上观看智能家居的电视机顶盒的视频内容。

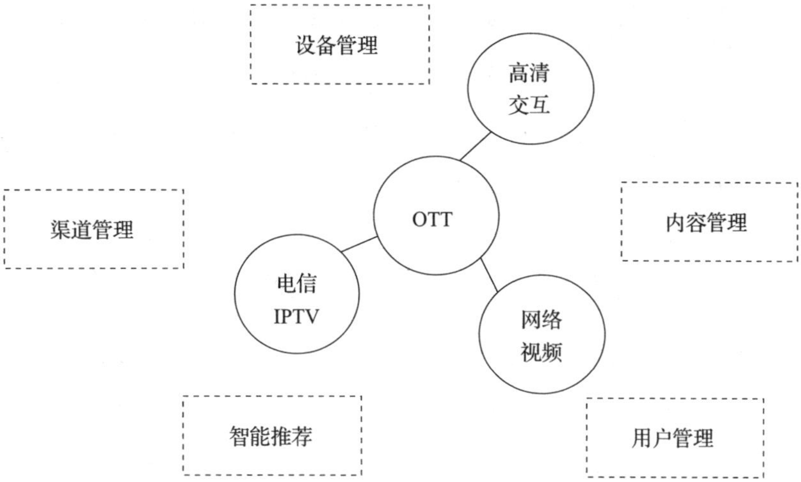

图 5-6　OTT 五位一体

二、运营商方案：深击运营商服务行业痛点

网络信息技术不断发展，在为传统运营商提供了全新发展机会的同时，也产生了巨大的危机和挑战。以 OTT 服务为代表的网络新模式使市场竞争也变得越来越激烈。各大运营商为了留住用户，逐渐开始重视售后服务的质量，但因诸多因素，使运营商的服务质量难以得到有效提升，而创维数字对此给出了解决方案，如图 5-7 所示。

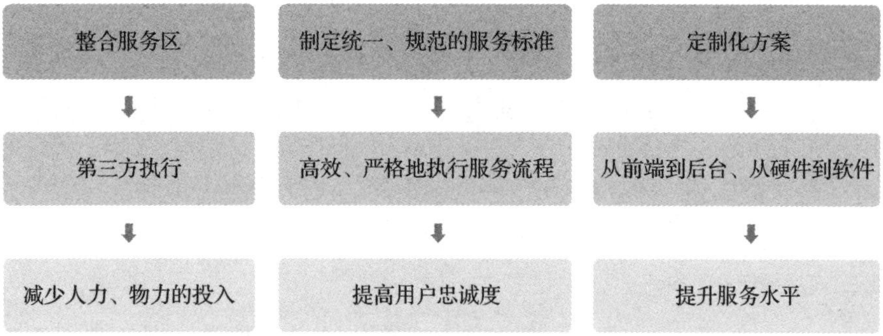

图 5-7　创维数字运营商解决方案

一是整合服务区，将服务整体打包交由1～2家经验丰富的专业服务机构执行。服务整合后，企业只需要做第三方服务机构的考核与管理，其他事项交由第三方执行即可，这将极大地减少在服务方面人力、物力的投入，大大缓解运营商的压力。

二是制定统一、规范的服务标准，运营商提出具体的服务流程与要求，建立严格的外包服务公司考核机制。通过严格的考评制度，让服务公司高效、严格地执行服务流程。统一、标准化的服务规范，让用户真实感受到运营商专业、高质量的服务，从而提高用户忠诚度。

三是选择优质服务提供商与运营商共同探讨、联手打造定制化整体服务解决方案，解决运营商从前端到后台、从硬件到软件的全套处理流程，用先进的服务理念和服务工具帮助运营商塑造良好的服务形象，提升自己的服务水平。

三、启示

几年来，创维数字依托中国广电网、电信网、国际互联网，联合国内外的通信及综合应用开发者、信息商、使用商、通道商等合作伙伴，根据“网络平台＋信息＋终端＋使用”的生态系统，构建了智慧生态链，成功推出了数字电视、智能互联网、IPTV等全系列智慧盒子终端、宽带网络通信接入设施、车辆电子及车联网、物联网等系列产品及营销工具与服务，以全方位实现经销商及广大终端用户的个性化体验和要求。创维数字扎根于我国本土，放眼世界，逐步巩固行业基础，并将通过全球和海外视野，主动抓住布局行业的新机遇、新应用，积极发展相关产业、模式和新业务。

（资料来源：笔者根据多方资料整理而成）

三、构建合理的数字生态

构建理想的数字环境是推动数字经济和实体经济深入融合的需要，而构建科学的数字生态评价系统是构建数字化环境的重要前提。需要强调的是，看待理想数字环境指标时，要防止通过对综合指标的得分高低简单评判，而要侧重于对内部环境构成因素开展多级、多维指标的综合评价。构建理想数字环境的途径并不是唯一的。中国各地的数字环境现状与资源禀赋不同，决定了发展理想数字环境一定要适应现实、因地制宜，坚持环境差别化的经济发展策略。合理的数字生态既可以是基础支撑的发展途径（优先发展数字技术基础），也可以是能力驱动（注重发展数字技术能力）或是技术应用带动（精心培育数字应用）的发展途径。

对于各地区的决策者来说，必须依据国家数字生态指标及其对下属数字基础设施、数字技术和数字应用的得分，再对照与其要求比较相似的数字生态发展模型，才能更加科学、合理地提出最有利于本国的数字生态发展道路。对于社会生活来说，每个人都能够在大数字生活指数的众多分指数中得到有益借鉴和体验，有助于做出到哪里上班、在哪里生活、怎样就业、怎样选择、怎样旅行、怎样就医等的决定。

当然，数字生态指标研究也是一个要求持续迭代的复杂的系统工程，目前刚刚开始，未来还面临着若干限制和问题。未来，研发队伍还将深入改进理论体系、充实数据源泉、发展智慧计算、推进案例实践、探寻国际规律，以争取作为区域发展数字生态评估、中小企业数字化转型、构建数字经济体系的重要依据，为构建数字国家、成为数字强国探明创新方向、开拓发展新途径。

第二节　何谓数字生态

在信息化时代背景下，数字科技已渗入了各个领域，它的产生给世界经济带来了巨大的影响，已逐渐成为推动经济发展的新动力。面对突发的新冠肺炎疫情，中国数字经济克服困难逆势而上，人工智能、大数据、物联网、互联网等一系列新兴技术在防控疫情中发挥了重要作用。数字科技发展日新月异，外部环境也面临着许多挑战，市场不确定性、竞争性日益增强，坚持开放与共享、合作共赢是企业更好应对多方面压力的必要和有效措施。在国际化、需求多样化、全面品质管理和商品生命周期短等因素的共同影响下，企业之间通过共享知识、信息、成本和资源，协调合作，以把握稍纵即逝的市场机遇。

一、数字生态的内涵

当前中国正处在数字经济发展的黄金时期，数字科技、数字应用技术等将促进整个数字经济的迅速发展。数字经济的发展给世界带来了巨大的变革，已成为整个世界经济的重要支柱。而数字经济想要长久不衰地发展下去就必须要有自己的生态模式，即数字生态。以往的生态模式是以市场为核心建立的，但在数据经济时期，生态则以需求为核心加以建立，并通过数字化的解决方案向客户赋能。无论多大的公司，仅靠自身也不能独揽天下，只有把不同的公司聚集到一个生态环境中，通过发挥各自的优势，才能打造一个良好的产业环境。

在数字生态大环境下，各个领域的分工越来越细致，任何一个公司都不可能在每个领域展开广泛的研究，因而应该聚焦自身的长处与细分领域，在细分方向上实现突围，进而建立自身的“长板”。唯有如此，才能有助于客户和企业发展壮大，进而将整个数据生态建设做大做强。数字生态的发展过程，实际上也是企业自身的强项和他人强项融合的一个过程。企业首先要打造出自身的“长板”，其次则可以通过生态合作将他人的“长板”整合起来，为顾客创造更完美的解决方案。

二、数字生态革命

在物质经济时期，企业可以通过技术壁垒建立封闭式体系，同时产生生产价值效益、制造价值效益和产品增值效益。但是，在大数据经济时期，传统的技术壁垒被颠覆，企业必须通过新技术建设开放、共享的大数据生态系统、现代大数据技术赋能作用来获得多样化的发展效益。在企业数字化改造过程中，想要形成以大数据为基础的完整体系，就要注重整个体系的稳定性，同时也要在体系各要素的交互控制中融合互生，实现体系动态与平衡的稳定。数字生态革命以整合信息资源、人工智能、现代信息网络、信息通信科技等创新经济思想为引导，遵循任务导向、问题导向、目标导向原则，在总体上赋能服务、支持决策、提高效益，提高服务链质量、信息效能和决策质量，促进我国经济社会进行品质、效益和服务转型，如图 5-8 所示。

三、数字生态本质

数字生态是以客户体验为发展基石的，而企业要在数字生态中获得话语权则需要依赖于三个方面：第一，生态圈中相同产品及服务的供应

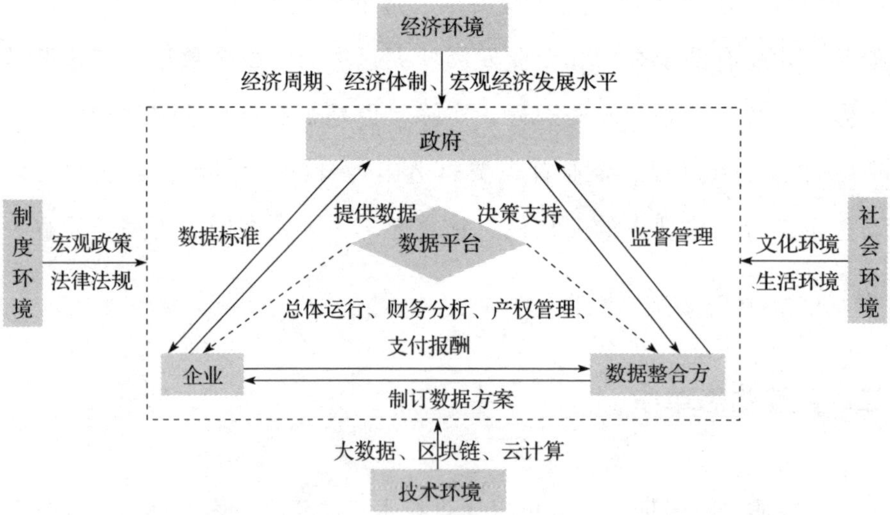

图 5-8 数字化改革生态系统

商数量越少，其重要性则越大；第二，在生态圈中的经营规模越大时，它的影响力也就越大；第三，在生态圈里经营越主动、越积极的企业，它的社会影响力也会越来越大。我们从深度、广度、精度三个方面对数字生态进行简要的分析。深度能够在技术创新上为客户提供帮助，广度则可以让所有人都获益，精度则能够提升产品质量，三者相辅相成，而数字化也将提升每个人的生活质量。流动的大数据、开放的互联网和高度智能的操作系统，是大数据世界新生态中至关重要的一部分。

从数字化深度的角度来看，各垂直应用领域的技术发展都需要进行极其专注和深度的研发，而数字化的变革也要求与数字技术领域同行业的发展经验深度融合，因此数字化技术创新必须要渗透到行业的内部。在整个过程中，在一个更为充分、高效的数字操作工具的帮助下，可以协助各行各业打通七经八脉，使所有经济链条都流动过来。

从数字化广度的角度来看，最近几年来中国的数字化进程已从社会经济领域迅速延伸至民生、政府机关等领域，涵盖了中国社会经济的方方面面。以腾讯 QQ 为例，我们能够发现数字化的广度还在飞速地扩大延伸，过去对消费端 B2C 的应用几乎涵盖了 B2B 客户端。所以，腾讯 QQ 想要给各种各样的 C 端、B 端、G 端应用做链接桥梁。

“要想富，先修路”，数字时代致富的主要途径则是互联网，数字化的广度给予人们很多的创业机遇。随着互联网规模与应用的扩大，跨界创业也慢慢地出现在了经济领域，在诸多方面为企业带来了巨大的机遇。

从数字化精度的角度来看，例如，如今的数码相机包括手机更新迭代得越来越快，且像素越来越高。与之相同的是，数字科技时代对物理环境的重塑要求也越来越高，因此人们对在数字时代达到传统工业时期所难以达到的工艺水平抱有极高的期待。数字化的精度一方面取决于在基础技术与先进科技上的突破，另一方面又与人们的“数字工匠精神”和提供高质量的数字工具与产品有密不可分的关联。

根据腾讯公司在“互联网 + 医院”方面所作的研究可知，医院治疗时挂号、排队、付费等必要过程往往需要耗费大量的时间。为了缓解这一问题，近年来腾讯公司与医院联手从挂号支付数字化服务开始，通过微信就能完成就医的全过程。腾讯公司与社会保障系统配合，目前已有多个省份推行了微信社保卡，这种服务方式为百姓节约不少时间。如首例“院外处方流转”业务落地广西柳州，医院开方、院外买药或者送药服务上门。此外，由于人工智能技术的发展，由腾讯公司引入的腾讯觅影将 AI 成像技术充分运用到诊断中，目前已经用于对食道癌、肺结节、糖网目底等疾病的诊断，可以帮助医师提升治疗质量，做到精确筛查，对于提升医生诊断能力十分有帮助。

专栏 2

海尔集团的数字化时代

海尔集团公司（以下简称海尔集团）于 1984 年在我国青岛市创立，是一家全球领先的美好生活的数字化转型与解决方案提供企业。在不断创新发展的历程中，海尔集团一直以客户体验为核心，踩准时代的节拍，走过了名牌战略、信息化战略、全球化战略、国际化品牌战略、网络化战略和生态企业策划六大发展战略时期，由资不抵债、濒临破产的集体小企业，发展为引领物联网时代的现代生态企业。海尔集团曾连续 13 年稳居“欧睿国际全球大型家电零售量排行榜”第一名，连续 3 年蝉联“ BrandZ 最具价值全球名牌百强榜”，连续 18 年入围世界品牌实验室“世界品牌 500 强”，旗下共八大品牌入围世界品牌实验室“中国品牌 500 强”，旗下子公司海尔智家连续数年入围《财富》世界 500 强、《财富》全球最受赞赏公司排行榜。

一、数字生态赋能智能建筑

数字化改革的风潮和低碳时代的发展同样势不可挡。而智能建筑不仅是数字城市的构成单元，更是整个社会数字化革命的重要切入点。海尔集团紧随时代发展打造出了智能建筑的云平台，并通过数字化方式实现智能的都市建设管理、以智能服务人和都市。

与传统的集控系统简单的管理功能不同，海尔中央空调的数字化解决方案将所有建筑能耗设备跨品牌连接，并运用大数据分析技术对所有设备的运行参数进行解析，从而做到了与管理零距离。海尔集团的方案也给中国传统建筑向低碳转变带来了新思路，在空调展出区域，体验人员可以通过登陆 Hai-BMS 智能建筑联云平台，即可在网页上查看当前的管理设备。在设计 Hai-BMS 智能建筑联云平台时，海尔集团的出发点是将人流作为驱动力，这是根据物互联的本性，也就是人机互联设定的。云平台上各种设施的启动、关闭、调整依赖于人流的聚集程度、聚合程度。通过进行人流调节可以使设备的使用达到最优化，最大限度地节约能源。用数字技术赋能节能减碳，从制造到服务，海尔集团在低碳产业的发展道路上一直保持着领先优势。图 5-9 为海尔云平台的支撑产品。

温控器	控制器	传感器	自控阀门	系统平台	智能人居
•空调温控器 •采暖温控器 •计时温控器 •比例积分温控器 •新风控制器 •线控器	•DDC •IO模块 •网络引擎 •数据采集器 •控制箱 •加密网闸	•空气质量传感器 •压力传感器 •流量传感器 •液位开关 •热量表	•平衡阀 •电动调节阀 •采暖控制阀 •风机盘管电动阀	•HAI平台 •楼宇自控软件 •能源管理软件	•灯控模块 •调光模块 •窗帘模块

图 5-9　海尔云平台的支撑产品

二、灯塔效应：合理推进数字经济的发展

海尔集团明确了应对新数字科技、数字经营浪潮下的策略抉择。四座“灯塔工厂”（海尔郑州热水器互联工厂、海尔天津洗衣机互联厂、海尔沈阳冰箱互联工厂、海尔青岛中央空调互联厂）已成为海尔集团推进数字经营发展的最佳代表。目前，数字科技、数字经济正是全球技术革命与行业转型的要素，是企业新一轮国际竞争的重要领域。较之传统智能制造领域中大多体现为强国间的战略博弈，数字经济显示出了强烈的全球性特征。为海尔集团培育出了四座“灯塔工厂”的卡奥斯，如今已是海尔数字经营生态中的重要力量。卡奥斯产业互联网络平台围绕“一体两翼”的平台力量，即 AIoT+ 数字化创新力和大规模定制的订单赋能力、全球采购资源配置力，深耕细分行业做到“一米宽、百米深”，形成了立体式的数字经济赋能创新范式。图 5-10 为海尔集团的六大战略阶段。

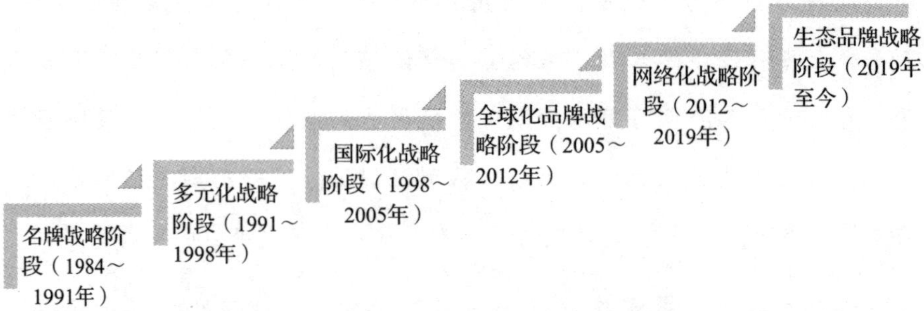

图 5-10　海尔集团的六大战略阶段

三、启示

在数字经营的浪潮下，随着用户体验要求的转变，海尔集团将利用物联网、人工智能、云计算等信息，逐步实现生产核心要素的数字化和经营的自动化，以更高的效率和更好的体验为用户提供场景服务。海尔集团致力于携手世界一线的生态协作方，不断构建高端产业名牌、场景名牌和生态名牌，以技术为世界用户订制个性化的美好生活，促进中小企业进行数字化变革，以及经济的高效增长与社区的可持续发展。

（资料来源：笔者根据多方资料整理而成）

第三节　数字生态模式

当今企业间的国际竞争并非对客户的争夺，而是商业模式的改变。随着第四次工业革命的出现及数字化经济时代的来临，大数据已经成为企业的核心资产，将影响着企业的商业模式。

一、数字生态 + 平台

在全球数字经济蓬勃发展的时代背景下，数字化变革已成为行业的共识。通过新科技的深入运用，不断改变企业的业务、管理和商业模式，提升产品和服务竞争力，实现更高的效率、更好的体验，成为绝大多数企业拥抱变化、适应时代发展的主动选择。面对各行各业数字化转型发展的需求，数字平台生态系统应运而生，如图 5-11 所示。

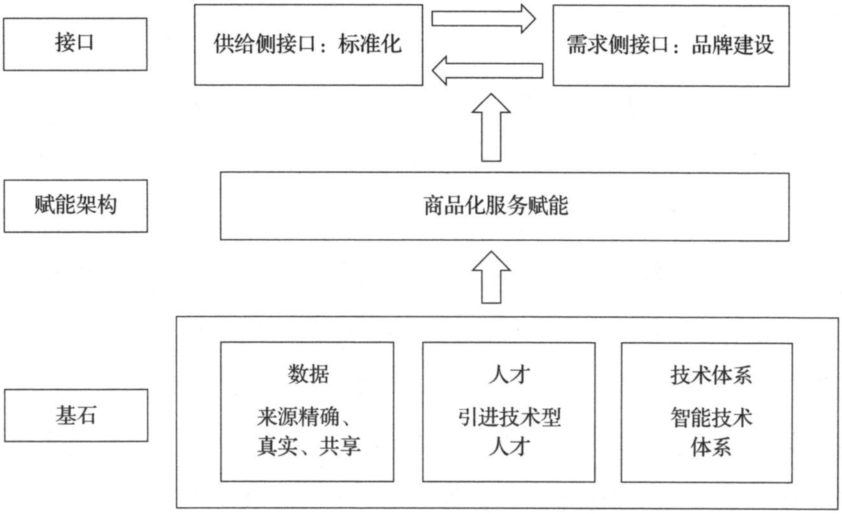

图 5-11　数字平台生态系统

数字平台生态系统是在各种先进的数字信息技术的促进下自然叠加形成的新型的经济组织形式，是在数字信息时代下促进经济与社会发展的主要组合形式，也代表了一个新型商业模式的诞生。华为、海尔、小米、腾讯、百度、苹果、Google、Meta、亚马逊、微软、阿里巴巴等企业采用平台运营模式高速发展，并成为全球企业 500 强的中坚力量。

平台生态的研究内容侧重于特殊类型的科技平台和生态倡导者，及与互补企业之间的依赖关联。从这个角度来看，生态系统也是平台倡导者，包括对于使用者来说更有经济价值的互补商品的主要提供商。平台生态也被称为一种“中央辐射”架构，即将一种与外围互补的生产厂商共享或把各种技术或标准连接至中央操作系统。从某种意义上来说，平台生态的特殊优势就是这种“生态优势”。这个“生态”是指平台供应侧的众多异质或互补供应商与需求侧的众多消费群体之间，在相互依赖、互惠、共创、合作的基础上，建立共生、互利、可再生的价值创新体系与价值实现系统。商品交易平台和传统的贸易平台要求“为我所有”，行业资源优势要求“为我所用”，而生态资源优势突破更多的界限，要求“更广阔地为我所用”。生态优势注重“优势互补资源”的合理运用，平台推动者不但要重视企业自身的技术创新，以及公司内部价值链经营活动的进一步优化、新资源力量的积累和供给侧的大规模经营，而且还要重新界定并进一步优化企业平台生态系统的经营活动，管理好、运用好各种优势互补资源，因为企业价值的创造者不仅是公司的内部活动，而且还要与外界合作，也可以是企业上下游、互补型生产的制造商，或者是与需求侧无数的消费者一起创新。所以，生态模式的优势激活了众多参加者的热情，各种力量的叠加形成了生生不息、蓬勃发展的生态系统。

二、数字生态 + 创新

什么是创新生态？企业创新生态是指企业与其制造商、用户、投资组织、贸易协会、技术标准制订组织等相关方之间构成的动态组织体系，意味着不同组成部分间是不断互动的，即企业与其所属的技术创新生态系统间具有共生发展的关系。

当今的市场竞争体系已经由一个企业层次逐步上升至商业生态层次，因此构建创新商业生态体系已成为中国中小企业进行技术创新和建立新竞争优势的必经之路。创新生态系统理论强调，核心企业不但要重视企业的技术创新项目如何得以高效执行，还要重视企业技术创新项目和其他人创新活动之间的相互依赖关系，以及合作伙伴对企业技术创新项目的接受程度，从而通过配合这些外部关系来进行企业价值创新。

在数字经济时代，信息已成为企业技术创新发展的关键性资源，而信息驱使则为构建具有弹性的企业技术创新生态系统提出了全新的发展路径。一般来说，信息驱使中的信息就是指信息，是具备海量、异质、价值稀疏等特征的信息。伴随着数据分析技术手段和计算力的进步，由大数据分析产生的一小部分信息也将日益被企业挖掘和运用。信息驱使的核心内容就是企业运用信息及其解析技术手段，改善企业、团队和个人的知识水平和行为能力，而整个流程又涵盖了数据获取、解析和应用等基本过程。对于企业提高技术创新生态系统的弹性能力来说，大数据驱动也将同时表现在从数据获取到应用的各个环节。具体来说，大数据驱动技术通过全景监测、敏捷行动、知识管理和数字孪生四个机制发挥重要作用，对应着数字创新生态系统的四种能力，如图 5-12 所示。

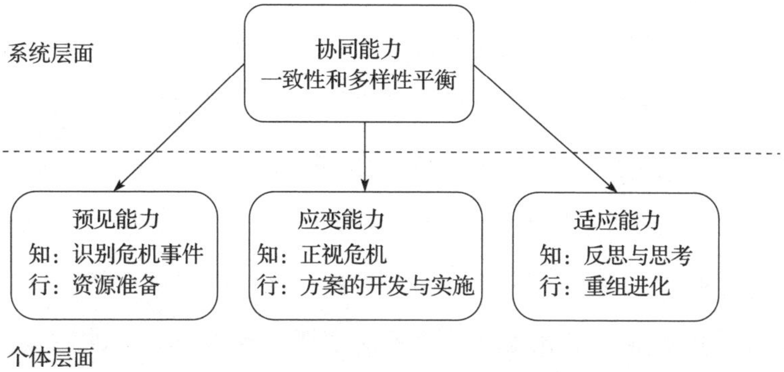

图 5-12　数字创新生态系统的四种能力

第一，通过全景观测提高预测能力。由于大数据的海量异质性源于客观对象的复杂性，并由此形成了各种表现形式复杂的大数据。因此，核心企业对产生在生态系统内部的大数据开展全景式观察，将提升其全局观察和见微知著的能力，从而有助于其进一步提高预测能力。另外，大数据还能够反映客观对象中各个层面的信息，从而减少单个数据来源的局限。通过获取和分析大数据，核心企业对科技发展与经济环境变化的理解将更为全面，更易于掌握经济环境变迁的基本态势，并识别可能存在的危险事件。借助大数据分析，核心企业将比较容易捕捉到一些通过传统数据分析所无法发现的“微弱”信息，进而提升对环境的敏感度和预测能力。利用大数据分析开展环境扫描与全景监控，从而提高风险预测能力已在社会实践领域中得到了初步的运用。随着企业大数据、政府大数据等更多数据资源的公开，全景监控已不再仅限于社会化媒体，全面性也有了更进一步的提高。

第二，敏捷行动提升应变能力。正确、迅速地做出决策是应变能力的主要内容。基于大数据分析的决策过程具有高度实时性和智能性的特性，既大大提高了决策效能，也有助于提升创新生态系统与核心企业的应变能力。决策的即时化主要来源于大数据收集与传输技术的智能化、即时化。网络的遍在性也为大数据自动收集和传递信息提供了基础设施。当企业面临危险时，创新生态系统的核心企业往往能够以快于人工数据的方法迅速获取数据，进而提高了决策速度。决策的智能则主要归功于机器学习技术的发展。借助于特定的算法，计算机能够在数据中“学习”，从而做出推理和预测，并辅助人进行决策。当企业处于危机之际，通过运用数字信息技术，核心公司与合作伙伴对内部资源的供应需求信息能够迅速集成，也就为提升企业应变能力提供了有力的保障。以技术资源市场为例，在新生态系统面临巨大冲击需要大量新的技术资源之际，像 Yet2 这样的网上技术市场就为基于云的技术资源动态分配提供了强大的保证。Yet2 市场是由美国杜邦、宝洁、西门子、霍尼韦尔、卡特彼勒等公司共同投入的、世界最大的网络科技市场，为全世界约 14 万个用户提供了战略交易流程咨询服务、开源创新门户管理咨询服务、国际专利贸易咨询服务等。目前，海尔、美的等公司也建立了这样的平台，将成为创新生态系统的技术资源动态合理配置的坚实基础。

第三，知识管理优化适应能力。知识管理系统对于创新生态系统的重大作用毋庸赘言。基于大数据分析的知识管理系统，将成为提升创新生态系统适应能力的有力手段。基于大数据技术的企业知识管理系统，以“知识数据化”和“数据知识化”两种相互促进的方法为基础，能够对公司内部的显性知识实现可视化存储与管理，对隐性知识加以提炼，同时通过信息挖掘、知识图谱等手段，在大数据分析中整合并生成有效信息。

通过大数据分析的知识管理，有助于提升反思和复习的效率与效果。随着认知图像等知识的发现与手段的提升，创新主体能够更好地识别知识之间的潜在关联，从而进行认知推理，并建立有利于环境的新型认知系统。另外，通过知识挖掘技术对企业碎片化知识的集成，可以促使创业主体在企业面临危机时产生的个人经验得到更好地系统化，从而形成整个创业生态系统的组织知识。同时，通过基于大数据分析的知识产权管理系统可以更好地发掘企业合作伙伴知识资产的价值，为核心公司优化和重建整个创业生态系统提供了指引。

第四，数字孪生科技改善协同能力。数字孪生科技是对现实世界中物理学对象的虚拟仿真表达科技，它运用传感器和大数据分析功能构建物理学对象与数字化自身的一对一反应。运用数字孪生科技，人类能够进行精细建模，并掌握物理学对象在各种情形下的变化规律。早期的数字孪生科技对复杂商品及创新生态体系参与者的整体效率有积极的影响。

例如，美国波音公司就使用数字孪生科技设计了777飞机。该机型含有300多万个零件，但整个研制过程中没有一个图纸模型，而是全部采用数字模拟来推演设计和实现的供应商协议，从而直接进入了量产。

随着公司产品数字化程度的提高，数字孪生科技已经能够把创新生态体系参与者及其资源要素流动关系直接反映到赛博空间。经过模拟发生的各种危机，公司也能够观察并分析创新生态体系韧性的变化趋势，并通过对不同应对方法加以测试，实现低成本的“试错”。因此，埃森哲重新描述了数字主线和数字孪生的结合。其中，数字主线是公司产品与厂商、使用者、生态系统合作伙伴等相互之间的联结纽带。对于增强创新生态系统韧性的协同力量来说，数字主线与数字孪生的融合，不仅是对创新生态系统实施的虚拟仿真，还能够进一步在真实世界中获取数据，从而实现数字主线和数字孪生的双向反馈。

三、数字生态+共享

数字经济飞速发展，一方面，推动着产业升级；另一方面，为共享经济的到来推波助澜。随着互联网技术的推广、社交网络生态日益成熟，新的经济发展形态——共享经济，在“互联网+”时代、移动终端、物联网和云计算技术等的快速发展与促进下在我国掀起了惊涛骇浪。

共享经济已成为许多创业者的最终选择，从实体交通旅行、餐厅住宿、配送速递、知识技术、生活服务、融资贷款、健康医疗、教育科学实验，到无形的在线创意服务、营销策划，共享经济几乎已涉足所有行业。不管是数字经济还是共享经济，二者均充分利用了高速发展的信息化技术，跨行业整合、渗透。在国民经济高速发展的过程中，数字经济和共享经济互相融合、互相渗透。经济发展日新月异，科技创新一日千里，未来随着数字经济生态复杂性的不断提高，大数据技术与人工智能技术正向加强、共享经济开放性加强，或将衍生出新的经济形态、模式、生态、机制及文化，掀起新的商业模式变革。在共享经济时代下，数字经济的发展趋势必将表现出资源性、融合性、服务性和技术性，如图 5-13 所示。

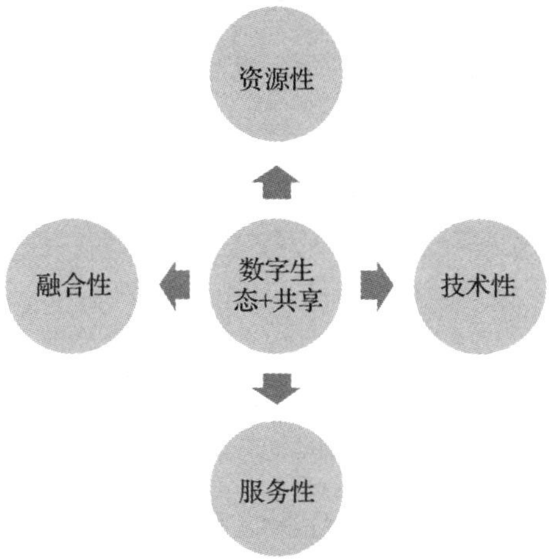

图 5-13 数字生态 + 共享

第一，在共享经济时代下，数字经济的发展必须以共享数字信息资源为基石，而这又必须通过拓展数字信息技术来源来实现，以进一步实现对数字信息资源的收集、保存、解析和交换，以及进一步发掘数字信息资源的深度意义。

第二，在共享经济时代下，数字经济的蓬勃发展将以数字技术与经济社会各大行业的深入融合为基石，这也必然催生出更多的商业发展模式，这些新型商业模式必然导致行业的边界更加模式化，进而实现行业的开放化、数字化及智能化。

第三，在共享经济时代下，数字经济的发展依赖于各种数字科技的开发与进步。只有随着数字技术不断升级，数字终端产品的技术、信息系统集成技术和网络安全技术等才能持续地革新和提高，才能实现中国数字经济的可持续发展。

第四，在共享经济时代下，数字企业的建设必然更加注重公共服务能力的提高和完善。唯有持续地提供服务，才可以挖掘共享商业模式下用户的更多需要。数字生态共享是一个需要博采众家之长一起做大“蛋糕”的产业。数字产业越发展，细分场景就越多，细分主体也越多，有集成商、云巨头、解决方案提供商、软件开发商、实施服务商等，各家企业都在自己的细分赛道上深耕，围绕“解决客户问题”聚拢合作、各司其职，并以“客户为中心”为理念，以“利益共享”为机制，共同构建繁荣的数字化共享生态。

专栏3

科大讯飞：一站式讯飞开放平台

科大讯飞股份有限公司（以下简称科大讯飞）成立于1999年，是亚太地区知名的智能语音和人工智能上市企业。自成立以来，一直从事智能语音、自然语言理解、计算机视觉等核心技术研究并保持了国际前沿技术水平；积极推动人工智能产品和行业应用落地，致力让机器“能听会说，能理解会思考”，用人工智能建设美好世界。基于拥有自主知识产权的核心技术，科大讯飞在业界发布了以智能语音和人机交互为核心的人工智能开放平台——讯飞开放平台，为开发者提供一站式人工智能解决方案。在平台的基础上，科大讯飞持续拓展行业赛道，现已推出覆盖多个行业的智能产品及服务，推动在消费者、智慧教育、智慧城市、智慧司法、智能服务、智能汽车、智慧医疗、运营商等领域的深度应用，TOB+TOC双轮驱动成果显现。

一、智能开放平台

讯飞开放平台作为首批“国家新一代人工智能开放创新平台”，是基于讯飞国际领先的人工智能技术与大数据运营能力建设的人工智能技术与生态服务平台，通过技术赋能、市场赋能、商业模式赋能，为开发者及产业上下游合作伙伴提供全链服务，如图 5-14 所示。在此基础上，进一步构建的讯飞 AI 营销平台、讯飞智能工业平台等将持续丰富 AI 行业产业生态。在消费者领域，科大讯飞围绕“ AI+”办公场景，通过智能办公本、录音笔、讯飞听见 App 等产品，为消费者提供办公场景下所需的产品和服务，将在日常办公过程中形成的声音、图文等原始非结构化数据，快速处理为可以方便保存、检索的文本数据，实现日常办公及学习场景效率的提升。

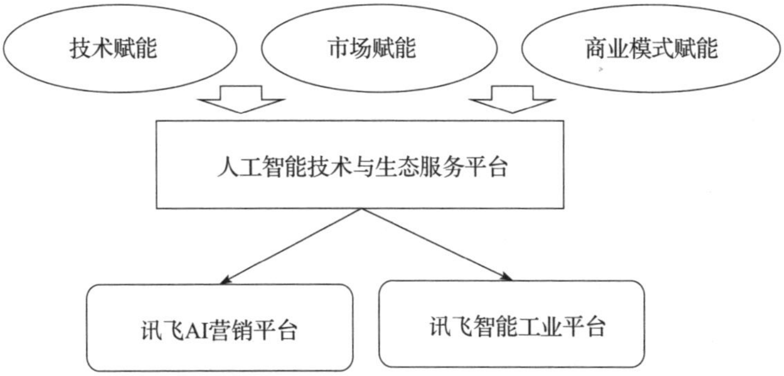

图 5-14　讯飞智能开放平台

讯飞开放平台持续在多语种语音合成、多语种语音识别、自然语言处理、图文识别、人机交互等领域提供丰富的 AI 能力，帮助开发者降低开发周期和成本，促进高效的产品集成落地，为客户提供了丰富的智能语音及人工智能能力和解决方案。基于讯飞开放平台的 AI 营销业务，助力开发者提升商业变现价值。2021 年，科大讯飞“1024 开发者节”汇聚了 4.6 万名线下参会者，1200多万名线上参会者，并正式发布了“开放平台2.0战略”，联合行业龙头企业搭建行业的基线底座，开放场景以汇聚开发者创意，借助低代码和零代码的方式进一步提升落地效率，让人工智能产业的各个共建方更加高效、共赢地进行生态建设。

二、开放平台与消费者业务相结合

科大讯飞围绕“用AI让工作和学习更高效、轻松，让生活娱乐更便捷、舒适”的使命，迭代推出了围绕“AI+”办公场景的智能硬件新品，品牌影响力进一步提升。2021年8月，科大讯飞C端消费品牌全新升级为“硬核、匠心、进取、温暖”，打造以用户为中心的全渠道线下零售模型，并在北京、上海、深圳、杭州、南京五个城市新开拓直营店20家，建立了线下拓展、直营、产品、增长、培训的扁平化组织结构，完成模型验证并具备快速复制的能力。图5-15为开放平台与消费者业务相结合。

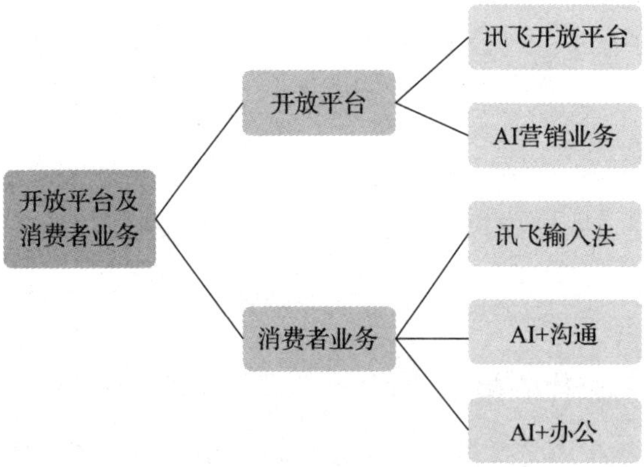

图5-15 开放平台与消费者业务相结合

一是讯飞输入法。讯飞输入法发布了11.0版本，采用前后端一体化的语音识别框架TFMA（Temporal Feedback end-end Multi-channel ASR），使在复杂场景下的语音识别率获得突破，进一步实现了多场景的高效语音输入。

二是讯飞智能办公本。基于说话人角色分离技术，讯飞智能办公本X2实现了多人场景下95%的自动标识正确率，基于离线识别引擎技术，实现了无网状态下的语音识别转写。

三是讯飞智能录音笔。讯飞智能录音笔，一站式解决录音、转写、翻译、存储及文本导出等需求，包含独立终端型的SR系列、与讯飞听见App配合使用的H1等全线机型，覆盖媒体记者、会议办公、老师学生等人群。

四是讯飞翻译机。讯飞双屏翻译机在首届中国国际消费品博览会上正式发布，可实现主客屏的双向显示和同步视听，支持83种语言语音翻译、32种语言拍照翻译，翻译语言覆盖全球近200个国家和地区。

五是讯飞听见会议系统及服务。讯飞听见会议系统面向企业级客户，已经形成从转写准确率到出稿效率的全面技术支撑体系，中英文语音转写文字准确率高达98%，1小时音频最快5分钟出稿，且在众多企事业单位中取得了良好的应用效果。

三、启示

基于科大讯飞人工智能开放平台，科大讯飞的人工智能产业生态已经初具规模，讯飞开放平台生态服务战略已经成为科大讯飞战略的重要内容。讯飞开放平台将持续赋能开发者，构建持续闭环迭代的生态体系，通过科技赋能实现企业内生和外延的持续增长，多方实现商业共赢和健康繁荣的开放生态。科大讯飞积极把握智能硬件领域的交互需求，依托国际领先的人工智能核心技术，持续提高各类硬件场景的交互体验，加速面向个人消费者、广大创业者和海量用户领域的产业布局，持续优化迭代，改进用户体验，进一步加大渠道建设力度，在营销上加强私域流量运营，扩大终端用户触达及规模化推广。

（资料来源：笔者根据多方资料整理而成）

第四节　数字生态合作

在数字经济日益普及的今天，企业在竞争和整合过程中共存已司空见惯。数字经济的改造既不可能是一家公司的单一运营，更不可能是一个产业、一种数据环境的全部改造。但是，怎样形成安全、环保、可持续的数字生态系统，却是每个公司在这一过程中需要正视并处理的重大问题。

一、共建：不共建，无共享

随着数字经济时代的推波助澜，以及数字经济技术的进步，人们的表达方式不断更新，行业也迎来了全新的发展机会和成长空间，此时共建则是增强自身实力的一条捷径。

例如，在网络游戏中，腾讯互娱始终坚持开放发展的心态，希望通过网络游戏背后的数字能力和行业展开协作，共同打破产业特定的运营模式与发展方式。然而，企业怎样把游戏的应用价值发挥到最大程度，和相关联的行业一起形成可持续发展的新兴产业，是企业正在面临的严峻问题。在中国数字经济与文化产业快速发展的情形下，游戏娱乐已不再只是一个流行的数字经济产品和文化体验，而是以越来越多样的形态和人们的生产生活紧密联系，在人与人、人与社区、社会各个产业之间，创造越来越多的有价值的联系，从而形成了当下日常生活中的“超级数字经济场景”，如图 5-16 所示。

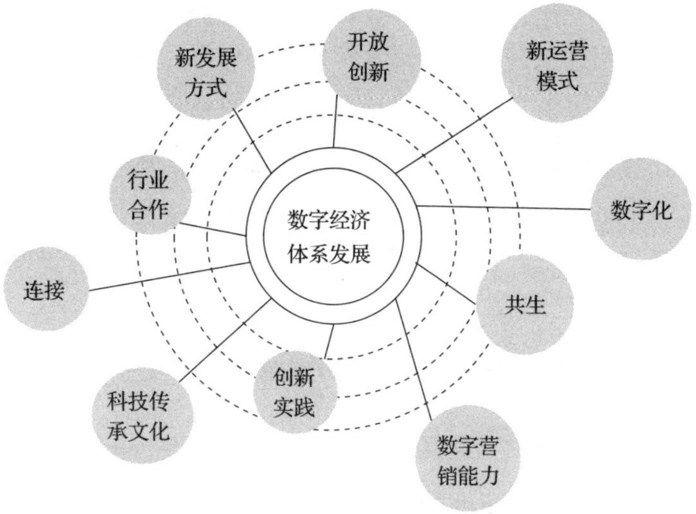

图 5-16　数字经济体系发展

在持续的尝试与实践过程中，腾讯互娱将持续探寻高科技创新的应用场景，与科技前沿、人文、科普、教育、社会等各界的生态伙伴进行联合研究和发展。在公益等领域，腾讯互娱与新华社合作，承办了首届“数字宇航员”比赛，以搭起航天精神和年轻一代人之间的桥梁。另外，腾讯互娱还致力于通过技术创新传播中华文化。为更好地激发玩家潜能，推动跨境行业的有效合作，腾讯互娱与面向全产业的合作伙伴共同推出了“数字生态共建计划”，期望与全行业的伙伴共同以腾讯互娱丰富的数字经营 IP 资产和科技平台工具资源为核心内容，给用户提供更加优质的数字经营文化感受；凭借跨区域连接的能力，让线上内容和线下场景更加密切地联结在一起；在全链数字整合营销能力的驱动下，将助力行业发展和游戏内容生态实现双赢。最后，腾讯互娱将借助企业数字化、互联网化、共生化三大核心能力，推动行业的有效协同，激发多元化行业创新，共同探讨数字经济在未来的发展。

二、共享：不共享，无共赢

当今时代许多行业进行数字化转型，在转型发展与创新中数字化产业一定会呈现出共生共享、共同繁荣的生态体系。数字化的基础是数据和技术，两者都具有开放性，只有让它们更多地流动、集聚、融合和裂变，才会让数字的量变引起效率、模式甚至价值的质变。因此，数字经济产业绝对不是一家独大的产业，数字经济产业市场也不是三两家巨头就能占据的市场。

（一）数字化是“时间的朋友”的领域

数字经济领域是一个值得长期投入、长期深耕、长期发展，值得所有从业者静下心来深入研究的领域，一个企业从做出数字化转型的决策到实现转型的过程是很漫长的，但是一旦转型成功，带给企业的将是源源不断的收益与价值，企业也将在此基础上不断进行创新研发，研制出更具价值的产品，完善数字经济产业链的发展。

（二）数字化是一个需要一起做大“蛋糕”的产业

数字化经济产业是博采众长的产业，各行各业越来越希望与不同领域的伙伴达成合作、协同发展，秉承以“客户为中心”的理念，以“利益共享”的机制，共同构建一个繁荣的数字化生态体系。

（三）数字化需要重构主体关联模式，发挥网络效应

要完成数字化转型，实体经营不仅可以由单一公司的“孤立”经营行为来实现，而且需要政府部门、公司、服务商等的协同。而数字生态也为经济转型中各学科间的协同发展创造了新的空间。通过建立

企业数字生态系统，对领先企业数字经济化转型的成功经验进行固化、推广和复制；企业中介服务公司通过识别共同需求并制订模块化解决方案，为公司和行业攻破企业数字经济化转型的技术壁垒和减少转型成本；地方政府通过以企业数字生态为依托，创造更多、更全面的带有公共服务物品属性的企业数字基础设施，服务于实体经济数字化转变。

（四）利用数字生态技术重构产业链关系，优化环境资源配置

在数字经济生态中，随着各主体关系模型的重构，传统的长链式产业链和供应商关系发生了改变，产生了新网络结构下的短链模式，具有更高效率的服务协同和大数据合作、要素合作，从而促进了价值创新与利益共同。针对行业链上下游，通过数字生态助力公司进行智能供应，确保行业链供给安全；针对同类公司，在数字生态环境下，通过知识共享、技能资源共享、能力资源共享、订单资源共享、员工资源共享等数字模式技术创新，优化企业资源，提高企业竞争力优势。图 5-17 为数字化转型。

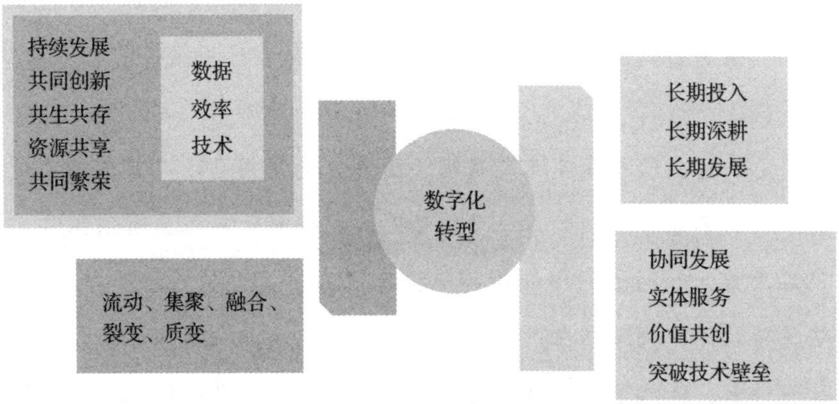

图 5-17　数字化转型

专栏 4

科沃斯：畅想智慧生活

科沃斯成立于1998年，是一家主要生产和经营各类家庭服务机器人及智能家电的上市公司。科沃斯2020年报显示，其总体发展战略为：持续推动基于“科沃斯”品牌的家用服务机器人、基于“添可”品牌的高端智能生活电器两大消费业务的双轮驱动战略，打造多元化创新产品线，提高在全球范围内更大的市场规模和占有率。科沃斯家庭服务机器人专业智造者研制了地面清洁机器人——地宝、自动擦窗机器人——窗宝、空气净化机器人——沁宝、机器人管家——亲宝，专业从事家庭服务机器人的研发、设计、制造和销售。科沃斯始终致力于“让机器人服务全球家庭”的使命，让更多人能够乐享科技创新带来的智慧生活。

一、服务机器人：体现数字化转型价值

随着大数据技术的快速发展，数字化转型成为热门话题，极大地影响着企业发展。科沃斯在家用服务机器人行业中紧跟数字化浪潮，积极通过机器学习和云数据分析等技术，为消费者提供更多的解决方案和创新体验，着力打造为一家全球领先的数据驱动型家用服务机器人品牌，如图5-18所示。

一是扫地机器人高度满足市场及消费者的使用需求。随着产品更新换代频率的不断加快，数据驱动的思维方式使科沃斯保持有依据且理性的产品决策，如通过数据分析扫地机器人在家庭中的清扫面积、时长、家居障碍物等，科沃斯在产品上增加了尘盒、水箱及抹布的尺寸，提升了续航时长，降低了人工参与的频率，同时不断提升扫地机器人的智能性，使其增强脱困及避障的能力。

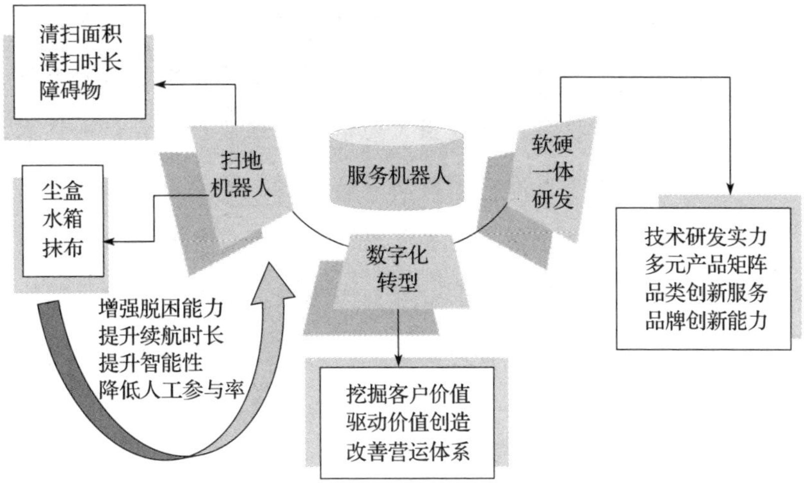

图 5-18 服务机器人的转型

二是实现数字化转型。企业将采集的海量数据进行整合和提炼，进行多方位的分析和决策，其中包括人工营运。基于几十年的专注研究，科沃斯形成了一套比较完善的数据运营及应用体系，基于渠道大数据分析和消费者观察，科沃斯定义了 T、N、U 三大系列产品。这样以数据来反映人群的运营与决策，有助于科沃斯最大限度地挖掘用户价值，驱动主营业务的增长与价值创造，是数字化转型企业学习的好例子。

三是软硬一体研发，创新实力驱动行业发展。科沃斯持续投入研发技术，在数字技术领域不断耕耘。现如今服务机器人行业日益壮大，科沃斯在扫地机器人市场处于领先地位，并且是品牌口碑构建的行业先行者，凭借其强大的技术研发实力和果敢魄力，正在以更核心的研发技术、更多元的产品矩阵、更符合市场需求的品类创新向服务机器人领域稳步迈进，以强大的品牌创新创造能力持续引领行业发展。

二、自持产业链，为技术革新铺路

一方面，科沃斯的软实力逐年上升，研发队伍逐渐发展壮大，规模保持行业第一。在软件研发上，科沃斯自主研发并首次应用在扫地机器人领域的YIKO AI语音助手，基于远程唤醒、动态降噪、回声消除、语义理解和语音合成等技术，通过强大的语音知识库和语音识别技术，把用户的口语转化成文字，准确理解用户的意图，并进一步转化为操作指令，能通过强大的环境识别能力在复杂、移动、高自噪和高环境噪声场景下实现高效交互式清扫工作，如图5-19所示。当下“懒人经济”的发展，以及消费者对于交互体验的高需求，为科沃斯进一步实现服务机器人智能化奠定了坚实的基础。另一方面，代工厂的背景赋予了科沃斯强大的供应链自持能力，在一定程度上避免了不可控因素造成的影响。科沃斯自主投资将核心技术研发能力掌握在自己手中，在保证公司自主品牌发展壮大的同时，还能保证及时满足行业内的需求，在一定程度上带动了产业良性进步，促进了整个产业的发展。

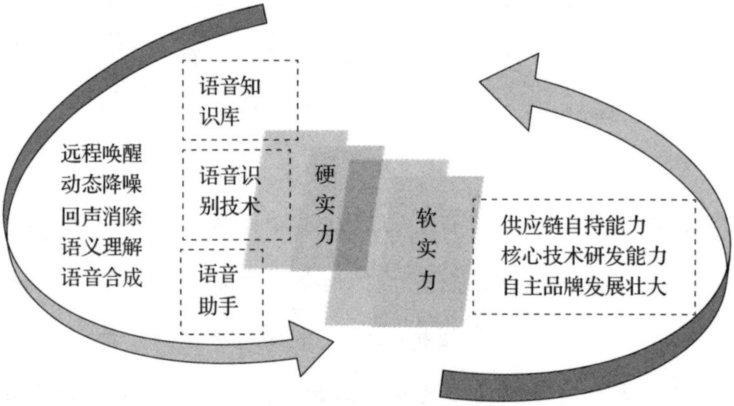

图5-19　科沃斯软硬实力并存

三、启示

在大数据时代，蓬勃发展的数字经济技术正在不断地改变现有格局、重构行业价值链，随着云计算、大数据、移动互联网的不断发展，会有更多像科沃斯这样的领军企业，以数据经济赋能品牌进行数字化转型创新，有效地整合优质资源，大力推动行业向智能化方向快速发展。科沃斯已经将品牌使命升级为“让机器人服务每个人”，科沃斯服务机器人将不断创新。在其坚实的研发基础上，在强劲的技术实力、满足市场需求的品牌创新力和清晰发展思路之下，结合其他行业数字化转型的实施方案，借鉴更多转型成功案例，科沃斯未来将在数字经济的发展中越走越远。

（资料来源：笔者根据多方资料整理而成）

三、共赢：不共赢，无发展

发展面向供给侧的数字生态是激发数字经济新动能的重要引导。为保障数字经济生态的长期发展与有效产业赋能，需形成以政府为主导、市场积极参与的协作模式，共同推进数字经济生态的治理制度和技术应用创新。为保障数字经济生态的长期发展，实现各企业的发展共赢，有以下三种措施保障。图 5-20 为数字经济生态的发展。

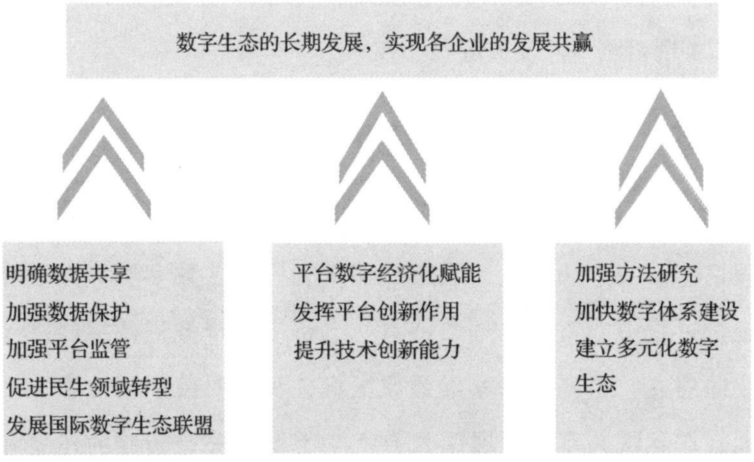

图 5-20　数字经济生态的发展

（一）构建互信、包容、开放的数字生态环境

一是严格执行各项法律法规，积极推动数字生态的健康发展，逐步明确资源共享和权益确认原则，进一步加强大数据保护，逐步明晰平台、公司与使用者的权益、责任与利益。二是积极发展互惠共赢的数字经济生态圈，进一步深化“利益相关者优先”的平台经营理念，进一步加强对平台的监管。三是在规范基础上进一步向市场有序开放民生产业领域的准入资质，促进民生领域数字经济化深入转型。四是建立并发展国际数字生态联盟，抢占国际数字规则制定先机。

（二）增强对数字经济生态的赋能与创新意识

一是积极推动建设数字经济生态赋能平台，并做好地方政府指导与落实，各地政府积极促进本土企业与数字经济生态平台的互动，并宣传与提高中小企业数字经营转化后的投入产出值。二是发挥平台创新功能，通过平台创新商业模式的能力，发展情景应用领域，以情景应用领域促进行业发展。三是提升数字经济生态的科技创新，建立基于平台生态的技术创新实现机制，开发关键核心技术。

（三）进一步完善数字经济生态评估系统

一是进一步强化对数字经济生态发展和数字经济生态统计及评估过程的理论体系与方法研究，了解数字生态价值在数字经济发展和实体经济融合过程中的贡献机理与特点。二是进一步推进数字经济生态评估系统的建立。建立与国家重要数据机关和主要数字平台服务提供者间的大数据互联共享，开展国家数字生态发展关键指数的建立和统计调查。三是构建多元化的国家数字化生态评估系统。正确认识在国家

数字经济发展和实体经济融合中竞争和技术创新之间的关系，在数字生态基础设施、公共服务供给、技术创新、创新能力等多维度上全面建立国家数字平台价值贡献评估系统，实现社会福利环境与经济可持续发展。

以上措施能够有效地激励数字经济生态的建立与长久的发展，使各行各业能够合作共赢，在数字经济发展道路上更进一步。

章末案例

瑞茂通："双轮驱动"经营模式成型，业务拓展蓄势待发

当前，瑞茂通供应链管理系统股份有限公司（以下简称瑞茂通）"双轮驱动"业务模式已经成型，公司通过线上平台与线下自营相结合的模式，加强了产业链上下游企业之间的联系，扩大了煤炭供应链管理的市场规模，再加上煤炭贸易的升级完善给产业链引入更多优质的企业，促进了产业数字生态的发展。瑞茂通以坚定互联网思维，顺应行业趋势的发展方向，以深耕煤炭供应链业务为核心目标，全力提高业务能力和专业化水平，走出国际化发展道路。在形成优势煤炭产业链后，瑞茂通试图缩减供应链金融的规模，响应深入推进混合所有制改革，积极寻找产业链转型方向，向外扩张非煤大宗商品市场，发展更多大宗商品贸易的品类，提升企业抵抗周期风险的能力，形成产业链闭环发展模式，带动各项业务进入高速发展期。

一、公司简介

瑞茂通创立于2000年，2012年8月在上海证券交易所挂牌上市。

瑞茂通是提供产业供应链的企业之一，致力于探寻多种创新方式，寻求产业供应链的高速发展，公司的目标是构筑国际化产业供应链龙头互联网平台。目前，瑞茂通已建立好国际化的大宗商品产业供应链布局，持有大量供应链资源，夯实了供应链产业的互联网基础。近年来，瑞茂通通过深入推进混合所有制改革，已经寻求了行业上下游具有地域优势、政策优势和人才资源优势的地方政府、大中型国有企业及金融机构，通过强强联合组建了合资企业，完成混合所有制改革的经营目标。并且，充分使用互联网、大数据、云计算等先进手段为数字平台赋能，为平台数字生态的发展提供了有力保障。

二、大宗商品煤炭供应链服务

瑞茂通的核心业务是煤炭供应链服务，经过近几年的资源整合与融合、服务渠道不断提升和优化、便民性电子商务平台逐渐发展成熟，再加上国家政府扶持，对煤炭市场进行了供给侧结构性改革，煤炭行业的供给分配呈现出区域化态势，即大部分煤炭供应来自“晋、陕、蒙”地区，但是中部和东部区域的供应量很大，因此供需平衡为瑞茂通的煤炭供应链服务奠定了坚实的行业基础。另外，2013 年后煤炭消费量的涨幅逐步放缓，2020 年煤炭消费量共计 40.43 亿吨，占各类能源总消耗量的 56.80%，相较于 2019 年减少了 0.9%。2021 年，受国际能源危机、新冠肺炎疫情等的影响，煤炭市场的需求量再度升高，煤炭价格加剧波动，并走向高位。

按照当前形势分析，中国煤炭行业将再次迎来高速发展的黄金时代，因为煤炭需求量的大增促使下游供应链行业给中游供应链行业带来了更多的获利机会。然而，随着“碳达峰”政策的推行，煤炭市场供需量仍能维持缓幅增长。与此同时，在国内严格的“碳中和”政策背景下，新能源技术正在普及且相关的服务能力也在快速升级，从而导致煤炭供需市场渡过饱和期后会开始走下坡路，即从相对饱和的成熟期经历能源转换后进入衰退期，因此顺应市场发展趋势成为瑞茂通成长的关键，数字产业发展方向及其举措如表 5-1 所示。

表 5-1　数字产业发展方向及其举措

发展方向	具体举措
业务专业化	在上游企业集中强度增强的前提下，对中游供应链服务商的购买销售、存货管理、物流配送等能力提出了高要求，推动行业从高速增长转向高质量发展
经营平台化	该领域的盈利模式由传统商品买卖价差转向供应链管理服务收益，因此促使经营方式做出相应改变，由自营模式向平台模式转换
市场国际化	“一带一路”倡议深入人心，大宗商品的海外市场开拓进展十分顺利，将进一步拓宽行业发展道路，同时也对企业的国际化业务提出全新要求
模式智能化	互联网、大数据、云计算给企业数字生态带来的机遇数不胜数，“互联网 +”的全面普及极大地提高了数字行业的运营效率，促使供应链数智化模式不断更新，精准分配数据资源将成为供应链业务的主要发展方向

综上所述，作为大宗商品供应链的龙头企业，瑞茂通的煤炭供应链发展方向已经逐渐明晰，把握机会紧随行业发展步伐，将会获得更广阔的发展空间。

三、“双轮驱动”模式成型

2017 年后，瑞茂通选择削减供应链金融业务的成本预防投资风险，利用“互联网 +”的思路，全力构建线上平台化与线下自营化相结合的“双轮驱动”模式。近年来，瑞茂通始终以煤炭供应链为主营业务辅以产业互联网，做精做细煤炭供应产业，保障了优势业务的稳定性，真正将“深耕 + 创新”的道路走宽走远。

瑞茂通在搭建和完善煤炭供应链平台生态的同时，继续拓展其他大宗产业供应链模式，争取实现专业化、多元化、标准化，目的是通过提升各个业务的发展效率、完善业务标准化程度、降低业务实施风险，从而达成多品类产业化数字平台的转型升级。易煤网就是重大突破之一，现已得到国家发展和改革委员会价格监测中心颁发的“全国价格监测定点单位”，标志着易煤网正式进入全国价格检测领域。如此卓越的成绩归功于瑞茂通借助互联网思维战略，开拓了油类产品、农业产品、建材市场的构建途径，实现了非煤大宗商品线上平台化、线下自营化的“双轮驱动”模式。图 5-21 为供应链产业互联网平台。

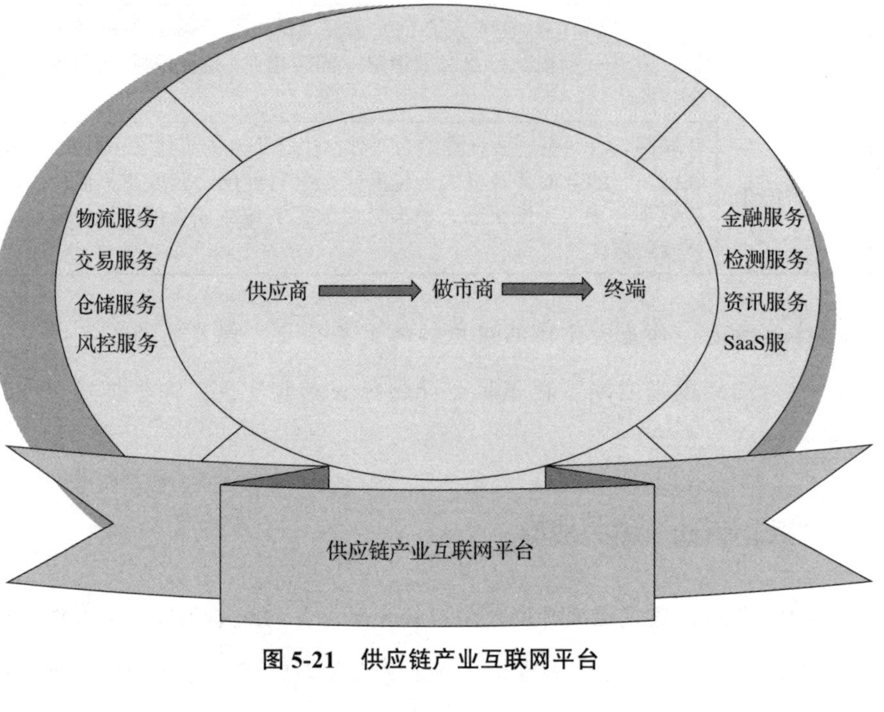

图 5-21　供应链产业互联网平台

瑞茂通根据企业发展经验，推出了“双轮驱动”模型，并将其应用到了各个业务中，取得了有目共睹的成就。瑞茂通早先缩减了一些非煤大宗商品的供应链业务，专注于打造煤炭供应链产业的线上线下数字生态，待煤炭供应链成熟化，有了一定的经济实力后，又重新步入冶金、纺织等非煤大宗产业供应链领域。

四、响应国家政策，整合行业资源

瑞茂通积极响应国家政策，以此实现了业务的全球化布局。当前，大宗商品产业链的上下游企业面临着两极分化的挑战，因此需要重新分配行业资源，推动业务恢复平衡发展。

瑞茂通全力布局供应链管理服务在2020年开拓了西藏市场。从此，瑞茂通将加速扩张的脚步，在中国寻求具备区域特色、政策优势及资源优势的区域项目，并在合适的城市设立合资、全资供应链管理类子公司，凭借子公司向外延伸区域业务，让业务实现精细化、地域化，增强公司对上下游资源的分配和把控能力。图5-22为瑞茂通整合的行业优势。

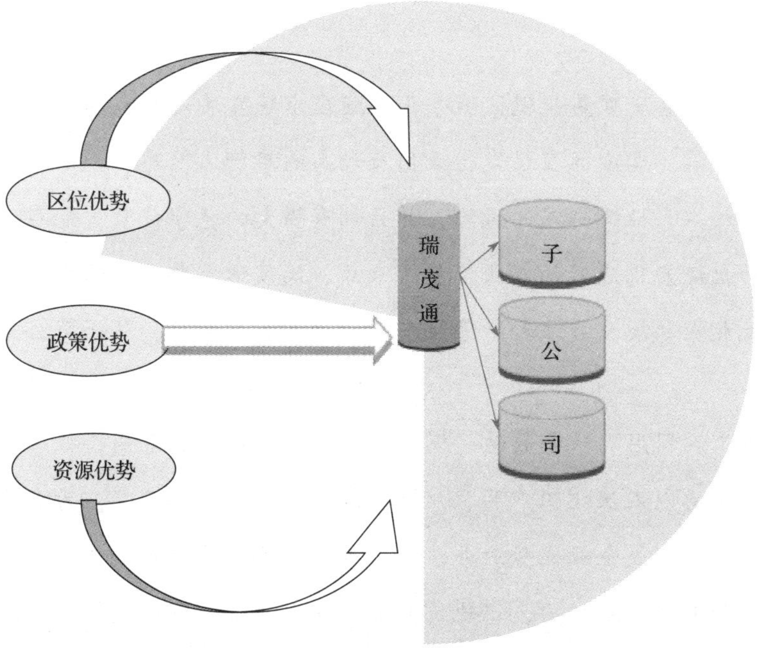

图5-22　瑞茂通整合的行业优势

在“一带一路”倡议的支持下，瑞茂通打开了国际化市场，将业务拓展至俄罗斯、印度尼西亚、马来西亚、菲律宾、文莱、越南、韩国、澳大利亚等国家。在煤炭产业供应链领域，瑞茂通加强大宗商品进出口代理采购等业务，利用产业链上下游的综合资源、更成熟的产业链体系，大力拓宽未来的发展空间，在发展海外业务的同时助力上下游企业紧密联系，有助于企业业务规模的扩张、涉猎各个市场及把控现有企业资源。

五、启示

瑞茂通主营煤炭供应业务，在未来仍有较好的发展前景。瑞茂通在寻求全新的发展模式，在大宗商品煤炭供应链取得一定成绩的同时，也在扩充非煤大宗商品产业供应链，打破企业发展限制，实现数字产业多元化发展。

第一，煤炭贸易呈现区域分化，顺应市场发展趋势成为企业成长的关键。目前，瑞茂通在煤炭行业仍有较高的市场占有率，能够保证自身的营业收入，抵御一定的风险，并且拥有强大的竞争优势，能在一定时期内稳坐煤炭供应链的龙头宝座。未来，瑞茂通需要使战略理念、发展方向及相应的战术方法和数字生态发展趋势高度契合，从而将公司做强做大。

第二，利用“双轮驱动”模型，扩大产业供应链范围，抵御周期风险。瑞茂通以石油化工产品、焦煤、焦炭等能源商品为主，为企业发展奠基基础，形成企业优势业务，在力所能及的范围内再度向非煤大宗商品供应产业链业务发力，以现货为基础、以期货为辅助等衍生出新产品业务进行套现保值，规避大宗商品周期性波动带来的风险。

第三，响应国家政策，分配行业资源，打开国际市场。瑞茂通面临着上下游企业分布逐渐两极化、产业链两端逐渐集中化的问题，不断探寻新的出路，响应国家“一带一路”倡议，实现了海外市场的开拓，形成了国际化布局，并且整合了行业资源，实现了业务的平稳发展。

（资料来源：笔者根据多方资料整理而成）

参考文献

［1］ 曹正勇．数字经济背景下促进我国工业高质量发展的新制造模式研究［J］．理论探讨，2018（2）：99-104.

［2］ 陈冬梅，王俐珍，陈安霓．数字化与战略管理理论——回顾、挑战与展望［J］．管理世界，2020，36（5）：220-236.

［3］ 陈劲，杨文池，于飞．数字化转型中的生态协同创新战略——基于华为企业业务集团（EBG）中国区的战略研讨［J］．清华管理评论，2019（6）：22-26.

［4］ 陈徐彬．营销数字化是企业数字化转型的突破口［J］．国际品牌观察，2022（8）：30-32.

［5］ 陈煜波，马晔风．数字人才——中国经济数字化转型的核心驱动力［J］．清华管理评论，2018（Z1）：30-40.

［6］ 顾丽梅，李欢欢，张扬．城市数字化转型的挑战与优化路径研究——以上海市为例［J］．西安交通大学学报（社会科学版），2022，42（3）：1-15.

［7］ 郭朝先，王嘉琪，刘浩荣．“新基建”赋能中国经济高质量发展的路径研究［J］．北京工业大学学报（社会科学版），2020，20（6）：13-21.

［8］ 郭晗．数字经济与实体经济融合促进高质量发展的路径［J］．西安财经大学学报，2020，33（2）：20-24.

［9］ 郭晗，廉玉妍．数字经济与中国未来经济新动能培育［J］．西北大

学学报（哲学社会科学版），2020，50（1）：65-72.
［10］何帆，刘红霞．数字经济视角下实体企业数字化变革的业绩提升效应评估［J］．改革，2019（4）：137-148.
［11］洪俊杰，蒋慕超，张宸妍．数字化转型、创新与企业出口质量提升［J］．国际贸易问题，2022（3）：1-15.
［12］赖苑苑，王佳伟，宁延．基于数据价值链的项目型企业数字化转型路径研究——以华为 ISDP 变革为例［J］．科技进步与对策，2022（5）：1-11.
［13］李春发，李冬冬，周驰．数字经济驱动制造业转型升级的作用机理——基于产业链视角的分析［J］．商业研究，2020（2）：73-82.
［14］李晓雪，路红艳，林梦．零售业数字化转型机理研究［J］．中国流通经济，2020，34（4）：32-40.
［15］李煜华，向子威，胡瑶瑛，等．路径依赖视角下先进制造业数字化转型组态路径研究［J］．科技进步与对策，2022（5）：1-10.
［16］刘淑春．数字政府战略意蕴、技术构架与路径设计——基于浙江改革的实践与探索［J］．中国行政管理，2018（9）：37-45.
［17］刘洋，董久钰，魏江．数字创新管理：理论框架与未来研究［J］．管理世界，2020，36（7）：198-217.
［18］吕铁．传统产业数字化转型的趋向与路径［J］．人民论坛·学术前沿，2019（18）：13-19.
［19］陆岷峰，王婷婷．基于数字经济背景下的数字资产经营与管理战略研究——以商业银行为例［J］．西南金融，2019（11）：80-87.
［20］陆岷峰，徐阳洋．数字小微金融：产生场景与发展策略［J］．西南金融，2020（1）：62-70.
［21］陆岷峰，周军煜．金融科技驱动商业银行变革的进程、特性及愿景

[J]. 福建金融，2020（1）：67-73.

[22] 孟凡生，赵刚. 传统制造向智能制造发展影响因素研究[J]. 科技进步与对策，2018，35（1）：66-72.

[23] 孟天广. 政府数字化转型的要素、机制与路径——兼论“技术赋能”与“技术赋权”的双向驱动[J]. 治理研究，2021，37（1）：5-14.

[24] 戚聿东，肖旭. 数字经济时代的企业管理变革[J]. 管理世界，2020，36（6）：135-152.

[25] 任保平. 数字经济引领高质量发展的逻辑、机制与路径[J]. 西安财经大学学报，2020，33（2）：5-9.

[26] 孙志燕，侯永志. 对我国区域不平衡发展的多视角观察和政策应对[J]. 管理世界，2019，35（8）：1-8.

[27] 唐勇，胡先伟. 共享服务模式下企业财务数字化转型探讨[J]. 会计之友，2019（8）：122-125.

[28] 童雨. 中国制造业数字化转型的影响因素研究[J]. 技术经济与管理研究，2022（3）：124-128.

[29] 王宏鸣，孙鹏博，郭慧芳. 数字金融如何赋能企业数字化转型——来自中国上市公司的经验证据[J]. 财经论丛，2022（5）：1-14.

[30] 王开科，吴国兵，章贵军. 数字经济发展改善了生产效率吗[J]. 经济学家，2020（10）：24-34.

[31] 王树柏，张勇. 外贸企业数字化转型的机制、路径与政策建议[J]. 国际贸易，2019（9）：40-47.

[32] 王伟玲. 加快实施数字政府战略：现实困境与破解路径[J]. 电子政务，2019（12）：86-94.

[33] 吴朝平. 零售银行数字化转型：现状、趋势与对策建议[J]. 南方

金融，2019（11）：94-101.
［34］吴非，胡慧芷，林慧妍，等．企业数字化转型与资本市场表现——来自股票流动性的经验证据［J］．管理世界，2021，37（7）：130-144.
［35］吴静，张凤，孙翊，等．抗疫情助推我国数字化转型：机遇与挑战［J］．中国科学院院刊，2020，35（3）：306-311.
［36］肖静华．企业跨体系数字化转型与管理适应性变革［J］．改革，2020（4）：37-49.
［37］肖旭，戚聿东．产业数字化转型的价值维度与理论逻辑［J］．改革，2019（8）：61-70.
［38］熊天任，胡宇辰．新零售背景下传统商贸企业数字化转型路径探讨［J］．企业经济，2022，41（3）：47-56.
［39］熊先青，吴智慧．家居产业智能制造的现状与发展趋势［J］．林业工程学报，2018，3（6）：11-18.
［40］徐顽强．数字化转型嵌入社会治理的场景重塑与价值边界［J］．求索，2022（2）：124-132.
［41］许恒，张一林，曹雨佳．数字经济、技术溢出与动态竞合政策［J］．管理世界，2020，36（11）：63-84.
［42］严若森，钱向阳．数字经济时代下中国运营商数字化转型的战略分析［J］．中国软科学，2018（4）：172-182.
［43］殷浩栋，霍鹏，汪三贵．农业农村数字化转型：现实表征、影响机理与推进策略［J］．改革，2020（12）：48-56.
［44］张华，顾新．供应链竞争下制造商数字化转型的博弈均衡研究［J］．中国管理科学，2022（5）：1-12.
［45］张庆龙．数字化转型背景下的财务共享服务升级再造研究［J］．中国注册会计师，2020（1）：102-106.

［46］张夏恒. 中小企业数字化转型障碍、驱动因素及路径依赖——基于对 377 家第三产业中小企业的调查［J］. 中国流通经济，2020，34（12）：72-82.

［47］张晓，鲍静. 数字政府即平台：英国政府数字化转型战略研究及其启示［J］. 中国行政管理，2018（3）：27-32.

［48］张昕，王素，刘兴平. 培育世界一流科技期刊的机遇、挑战与对策研究［J］. 科学通报，2020，65（9）：771-779.

［49］张于喆. 数字经济驱动产业结构向中高端迈进的发展思路与主要任务［J］. 经济纵横，2018（9）：85-91.

［50］赵继娣，曲如杰，王蕾，等. 城市数字化转型中的社会风险演化及防范对策研究［J］. 电子政务，2022（5）：1-14.

［51］Alyssa Marie B Almacen，Alan Y Cabaluna. Electronic Document Management System (EDMS) Implementation: Implications for the Future of Digital Transformation in Philippine Healthcare［J］. Journal of Computer Science and Technology Studies，2021，3 (2).

［52］Brooks Stoney，DiValentin Christina，Kendal Taylor，et al. Applying a Structured Industry Model Development Process to Support Digital Transformation Efforts: A Case Study of the Online Learning Industry［J］. Journal of Electronic Commerce in Organizations (JECO)，2021，20 (1).

［53］Chinmay Shahi，Manish Sinha. Digital Transformation: Challenges Faced by Organizations and Their Potential Solutions［J］. International Journal of Innovation Science，2020，13 (1).

［54］Cresswell Kathrin，Sheikh Aziz，Franklin Bryony Dean，et al. Benefits Realization Management in the Context of a National Digital

Transformation Initiative in English Provider Organizations [J] . Journal of the American Medical Informatics Association : JAMIA, 2021, 29 (3).

[55] Furtner Daniel, Shinde Salil Prakash, Singh Manmohan, et al. Digital Transformation in Medical Affairs Sparked by the Pandemic: Insights and Learnings from COVID-19 Era and Beyond [J] . Pharmaceutical Medicine, 2021, 36 (1).

[56] Halyna Ostrovska, Halyna Tsikh, Iryna Strutynska, et al. Building an Effective Model of Intelligent Entrepreneurship Development in Digital Economy [J] . Eastern-European Journal of Enterprise Technologies, 2021, 6 (13).

[57] He Chenggang, Ding Chris. Predicting Partner's Digital Transformation Based on Artificial Intelligence [J] . Applied Sciences, 2021, 12 (1).

[58] Igor Dunayev, Aleksander Kud, Mykola Latynin, et al. Improving Methods for Evaluating the Results of Digitizing Public Corporations [J] . Eastern-European Journal of Enterprise Technologies, 2021, 6 (13).

[59] James Kunle Olorundare, Christian Ngozi Ahiauzu, Aderonke Favour Bethy Thompson, et al. Impact of COVID-19 Contagion on Digital Transformation and Economy [J] . American Journal of Science, Engineering and Technology, 2020, 5 (4).

[60] Koumas Manel, Dossou PaulEric, Didier JeanYves.Digital Transformation of Small and Medium Sized Enterprises Production Manufacturing [J] . Journal of Software Engineering and Applications, 2021, 14 (12).

[61] Ljovkin Vadim E，Detter Gennadij F，Tukkel Josif L，et al. Can Digital Transformation Solve the Problem of Arctic Youth Migration Outflow [J] . Sustainability，2020，12 (24).

[62] Pan Xiao yan，Xiao Shu Feng. The Rise of Corporate Digital Transformation and Government Regulatory Innovation [J] . East Asian Journal of Business Economics，2021，9 (4).

[63] Seo Yuri，Lee Jong Ho. Digital Transformation and Advertising: Insights from the 2020 ICAMA-KAS Conference [J] . International Journal of Advertising，2021，40 (8).

[64] Zhong Xinhui. Construction of Power IoT Platform under Digital Transformation [J] . Energy Reports，2022，8 (S5).